大学生核心素质报告书制度研究

王济干　汤　建　周春燕　等◎著

人民出版社

序　言

素质教育是国家针对我国长期以来实施应试教育的弊端提出的。1994 年，《中共中央关于进一步加强和改进学校德育工作的若干意见》中明确提出大学开展素质教育。1999 年，《中共中央国务院关于深化教育改革，全面推进素质教育的决定》中又进一步明确要坚持面向全体学生全面推进素质教育。2010 年，《国家中长期教育改革与发展规划纲要（2010—2020 年）》（以下简称《纲要》）则把全面实施素质教育作为教育改革和发展的战略主题。《纲要》明确提出“坚持以人为本、全面实施素质教育是教育改革发展的战略主题”，并指出“（实施素质教育）核心是解决好培养什么人、如何培养人的重大问题，重点是面向全体学生、促进学生全面发展”。

二十多年来，各级各类学校都将素质教育作为改革和发展的重要指导，取得了一定成效，但高校在深入推进中遇到了困难，尚无清晰思路和策略。很多高校把素质教育简单等同为开设几门人文或通识课程，仅仅在少数几个“点”上下功夫，缺乏素质教育在人才培养中的全程参与和全要素渗透，没有从“面”的广度来系统思考什么是素质教育、如何实施素质教育等问题。因实践中对素质教育的内涵、背景和意义认识还不够清楚，加上应试教育依然占据主动地位，实践中缺少政策和制度保障，浮躁环境进一步强化了执行中的消极态度，特别是社会普遍缺乏职业精神，导致执行严重不到位等多方面的问题。

素质教育在高等学校改革中的重要性及当前实践中的困境，迫切要求大学通过全面创新来探索深入推进素质教育的新路子，系统改革我国高校传统的人才培养模式，探索有效的支撑素质教育的教育、教学、管理、环境的方法与路径。

王济干教授及其团队长期以来从事大学生核心素质培养研究，取得了丰硕的研究成果。《大学生核心素质报告书制度研究》正是他们阶段性研究成果的总结。该书提出了大学生应具备的六大核心素质；构建了大学生核心素质全人模型；提出了以大学文化引领，以核心素质教育为主要内容，以培养有特质的高层次人才为目标的教育模式；构建了以提升六大核心素质的主要内容，建立了教育教学过程与六大核心素质主要内容对应关系，明确了 38 个教育重点和 33 个养成要点。

更为难能可贵的是，王济干教授及其团队所在的江苏科技大学，长期以“船魂”精神引领，致力于育人实践，将素质教育置于育人生态场中，将其作为一个有机运行系统贯彻落实到教育教学过程中，其每一步都有精准的评价、监测与反馈过程；成立学校人才培养办公室，实施“课程思政聚合行动”，建立了以大学生素质提升案例库、典型事例参照库为主要内容的教育教学地图；构建了大学生核心素质报告书制度；成立六个核心素质教育工作组，探究对大学生核心素质教育的评价审视机制，将大学素质教育实践的创新发展往前推动了一大步。

加强人才培养规律的研究，特别是全球化、数字化、网络化、智能化时代的人才需求和教育趋势，培养出更多在未来世界具有高素质的、有竞争力的人才是当前乃至今后一段时期内中国高校的一项重大而艰巨的任务。王济干教授及其团队选择“大学生核心素质报告书制度”作为研究选题，具有重要的现实意义和理论意义。希望这部书能对推进大学生核心素质培养理论研究和促进高校人才培养工作有所裨益，也希望课题组以此为新的起点，深化研究，推出更多新的研究成果。

西交利物浦大学执行校长

英国利物浦大学副校长

西安交通大学管理学教授

席酉民博士

2017 年 12 月 20 日

目　录

导　论

党的十九大报告提出要以培养担当民族复兴大任的时代新人为着眼点，落实立德树人根本任务，发展素质教育，推进教育公平，培养德智体美全面发展的社会主义建设者和接班人，这对素质教育提出了更高的要求。大学素质教育如何遵循教育本质，顺应社会及学生自我发展需求，进而精准落地实施成为我国高校素质教育亟待解决的问题。

一、问题的提出

大力推进素质教育是社会、教育主管部门和高校的共识。大学素质教育多年的实践取得了长足的发展，也客观存在以下几个问题：重工具理性，轻价值引导；重共性培养，轻特质养成；重专业知识，轻文化素质；重工作推进，轻系统谋划。其主要症结是对素质教育的理论认识泛化，对素质教育的实践缺少科学总结，因此，没有找到落实此项工作的有力抓手。《大学生核心素质模型构建及提升路径研究》和《基于需求导向的大学生核心素质培养研究》两本书先后由人民出版社出版，对高校素质教育的理论和实践进行了系统的研究和总结。在上述两本书中，我们提出了大学生核心素质全人模型。在结合当代大学生特质的前提下，按照人的全面发展的要求，系统地将六大素质分解为素质教育重点和学生素质养成要点，提出了六大素质培育与教育教学实践有效对接的方法与路径。“实践—感性认识—理性认识—再实践”是认识深化的内在逻辑。在认识与实践交织的过程中，我们认识到大学生素质教育精准化落地具有以下四点重要意义。

（一）回归教育本质的要求

素质教育是经济、社会发展和人的全面发展的必然要求。杨叔子曾经形象地描述当前中国高等教育界特有的“三高三低”现象，“重理工，轻人文；重专业，轻基础；重功利，轻素质”。[①]造成上述问题的根本原因在于，近一百多年来，科学技术快速发展，工具理性被推向至高的位置，价值理性与人文关怀逐渐式微。金耀基曾经指出：“现代大学的知识结构在科学的大力渗透下，越来越变成一种知性的混合体，讲学统不讲人统，大学里面已出现知识排他性倾向，即只有科学才是知识，其他不是知识。”[②]因此，要想在当今科技高速发展的优势和困境中为人类未来的发展寻求合理路径，教育就应回到培养全面发展的人的永恒主题。

（二）直面社会发展的要求

知识经济背景下，社会对大学生综合素质要求越来越高。长期以来，我国高等教育一直实行专门教育，这种教育方式有其自身的优势，能够引导学习者将自身的精力全部投入某一领域和具体问题中，但也容易导致学生个性和创造力的缺乏。此外，在功利主义的导向下，一些学生以选择好专业，实现高收入、高消费作为自身奋斗的目标，对未来缺乏长远规划，无法实现职业生涯的可持续发展。当前，这种片面发展的教育方式已经不能满足社会发展对人才的需求。此外，随着社会的不断发展，各种新职业不断涌现，传统职业或发生迁移或逐步消亡，社会职业结构发生了前所未有的变化。未来，随着信息化和智能化的进一步发展，这种职业结构的变化将愈演愈烈，使得当代大学生就业时面临着诸多新情况。首先，高校专业调整同社会经济发展需求不一致，导致学生所学专业和就业岗位对口的可能性越来越小；其次，大学生个人职业生涯中频繁变动职业成为常态；再次，随着各经济领域的交叉渗透发展，职业的行业特征逐渐弱化；最后，职业复合程度的提高，使得岗位对大学生的知识、技能、能力要求越来越高，用人单位对大学生综合素质的要求空前提高。因此，高等教育必须找准着力点，做实素质教育，实现素质教育模式中个性与共性的

---

① 杨叔子:《现代大学与人文教育》,《高等教育研究》1999 年 4 月。

② 金耀基:《人文教育在大学中的位序》,《文汇报》2002 年 9 月第 23 期。

辩证统一，以适应社会发展的需要。

（三）学生自我发展的要求

信息化和价值多元化对高等教育提出了极大的挑战。信息化提升了知识获取的便利性，但也导致了知识的碎片化。价值多元化是经济社会发展到一定阶段的必然产物，有其积极的一面，但若对其内含的负能量缺少正面的引导，也会产生较大的破坏力。长期沉浸在碎片化的知识和多元化的价值观中，当代大学生群体难免会出现价值和方向的双重迷失感。素质教育则具有着眼未来、关注整体和重视主体的教育特征，强调学生成长过程的动态特征和未来发展的多种可能性，能够通过动态监测学生的核心素质而有效地引导大学生进行价值定向，实现自我发展。

（四）素质教育落地的要求

“素质教育”从概念的提出到被普遍认可，从理论到实践，经历了一个漫长的过程。自 20 世纪 90 年代我国提出素质教育以来，素质教育的基本理念已经深入人心，但其实践与我们所倡导的真正意义上的素质教育依然存在不小的差距。其根本原因在于缺乏可操作的素质教育评价标准。素质教育的根本目标是促进学生知识、技能、能力、品德、人格和体魄的全面健康发展，培育完整的人。可以说，我国目前阶段的素质教育只回答了“培养什么样的人”这一问题，但是“如何培养这样的人”还未真正找到答案，素质教育的实践还未真正落地。要进一步推动素质教育的落地，必须建立能够与素质教育基本理念相适应，同时符合经济、社会发展要求的素质教育评价体系，并将其制度化。目前，我国高等学校对学生的素质评价依然停留在考试考核上，无法根据学生发展和社会需求动态调整考核内容，也不能实现长时间的跟踪考核，素质教育评价体系尚未建立，甚至处于一种缺失状态，这是素质教育难以落地的重要原因之一。

二、研究现状

2016 年 12 月 7 日，习近平总书记在全国高校思想政治工作会议上强调：“高校思想政治工作关系高校培养什么样的人、如何培养人以及为谁培养人这个根本问题。要坚持把立德树人作为中心环节，把思想政治工作贯穿教育教学全过程，实现全程育人、全方位育人，努力开创我国高等教育事业发展新局面。……办好我国高校，办出世界一流大学，必须牢牢抓住全面提高人才培养能力这个核心点，并以此来带动高校其他工作。”[①] 这不仅对我国高校思想政治教育工作具有重要的指导意义，而且为我国高等教育培养什么样的人、如何培养人指明了方向。

改革开放以来，素质教育始终贯穿于党和国家教育大政方针中，贯穿于我国教育事业发展实践中。在素质教育基本理念的引领下，我国高等教育取得了巨大的成就，整体实现了从精英化到大众化的阶段性转变，高等教育得到了极大发展。

与此同时，我们也必须看到，我国高等教育发展的空间依然十分巨大，尤其是人口结构变化带来的非传统人口高等教育需求。[②] 此外，我国高等教育仍存在“人文教育过弱，教学内容偏旧，教学方法偏死”等主要问题，高等学校教育教学改革不能适应社会、经济发展需要，高等教育诸多领域未能实现根本性改变。因此，持续大力推进素质教育，继续探索高等教育素质教育实践机制是我国高等教育发展壮大的必由之路，也是发展中国特色社会主义教育的题中之意和必然要求。

当前，各级各类高校在内涵发展的旗帜下，大力推进教育教学改革，也预示着我国人才培养新时代的开启。高等教育“全员、全方位、全过程、全环境”的育人格局也在不断摸索中成型。此外，《中国教育现代化 2030》正在制定当中。这个面向第二个百年目标的中国教育改革发展的纲领性文件，其核心是推进教育现代化，建设教育强国。[③] 该文件直接呼应了联合国《2030 可持续发展议程》及联合国教科文组织《教育 2030 行动框架》，预示着中国教育将继续与国际趋势相向而行，并进入一个新的阶段。在这一新阶段，提高高等教育质量、实现高等教育公平化及终身化、促进高等教育自主发展、提升

---

① 秦华、闫妍：《习近平在全国高校思想政治工作会议上强调：把思想政治工作贯穿教育教学全过程，开创我国高等教育事业发展新局面》，《人民日报》2016 年 12 月 9 日第 01 版。

② 别蹲荣：《中国高等教育发展的现实与政策应对》，《清华大学教育研究》2014 年第 1 期。

③ 瞿振元：《素质教育要再出发》，《中国高教研究》2017 年第 4 期。

高等教育国际化及信息化水平，以及构建学习型社会是我国高等教育未来发展的重要方向。①

素质教育已成为教育界的共识。为实现素质教育目标，众多高校在高等教育实践中都倡导“着力提升大学生综合素质”。新时期优质人才需要具备哪些核心素质？高等教育如何在教育教学过程中实现素质教育的真正落地？学界从不同角度、不同层面对这些问题进行了研究。

（一）人的全面发展与素质教育

人的全面发展是一个古老而又常新的话题，不同时代的思想家对其思想内涵进行了见仁见智的探索和阐述。我国古人对“人的全面发展”的讨论是以“仁、义、智、勇、德”为核心理想人格，围绕儒释道融合发展而展开的。西方世界对“人的全面发展”的探索则始于古希腊时期。当时的先贤提出了诸如“人是万物的尺度”“认识你自己”这样的深刻哲理。由此可见，近代西方哲学积极推崇自由、平等、博爱，着眼于解放人和开发人。而在马克思这里，人的最终解放即人的全面发展更是其毕生追求的目标。

《德意志意识形态》一书对“人的解放”做出这样的阐述：“在共产主义社会里，任何人都没有特定的活动范围，每个人都可以在任何部门内发展……我有可能随我自己的心愿今天干这事，明天干那事，上午打猎，下午捕鱼，傍晚从事畜牧，晚饭后从事批判，但并不因此就使我成为一个猎人、渔夫、牧人或批判者。”② 马克思认为人的解放就是让人能够充分地、全面地、自由地发展自己。根据自己的意愿，选择自己的生活方式，达到真正的“人的解放”。因此，实现人的自由全面发展是马克思主义关于人的解放理论的核心。如今中国在社会主义核心价值观中，“自由”第一次与“平等”“公正”“法治”一起被写入执政纲领，要求高等学校大力推进社会主义核心价值观教育。

西方马克思主义研究者主要是从人性理论的角度探讨人的全面发展对社会的启示作用，他们认为社会主义的最高目标是实现人的全面发展，同时也认

---

① 韩婷、阎梦娇：《后大众化时代的中国高等教育——第十六届全国大学教育思想研讨会综述》，《高等教育研究》2017 年第 2 期。

② 《马克思恩格斯全集》第 3 卷，人民出版社 1960 年版，第 37 页。

为马克思关于人的全面发展的观点缺乏对人的自由性的关注。德国哲学家马尔库塞在《单向度的人》一书中指出："社会主义是一个非压抑的、人的本能结构完全解放的社会，判断一个社会是否是社会主义的标准不是根据社会生产力发展的水平和生产关系，而是人性的标准，社会主义必须以人性的实现作为根本目的。"① 法兰克福学派的弗洛姆认为："人的地位高于物，生活的地位高于财产；因而工作的地位高于资本；权力来自创造而不是来自财产；决不能让环境支配人，而必须让人支配环境。"②

国内学界对人的全面发展和素质教育均给予了深切关注。其对人的全面发展的研究主要分为两类：一类是对人的全面发展的理论探索，另一类是对人的全面发展的实践探索。在人的全面发展实践探索领域，一些学者探讨了人的全面发展与素质教育的关系，普遍认为人的全面发展是素质教育的理论依据，学生核心素质的培养应围绕人的全面发展而展开。但是，目前学界对人的全面发展与素质教育的内涵关系、如何实现人的全面发展与素质教育的内在统一等问题研究得不够深入，依然需要在未来的素质教育实践中积极探索实现人的全面发展的主要途径和方法。

总体来说，我国学界关于人的全面发展理论和大学生素质教育关系的论著目前很少，现有的著作和论文基本停留在理论层面，少有结合高等教育，特别是根据各个高校的实际情况探讨人的全面发展如何在操作层面进行实践的论著。

（二）基于教育生态学的素质教育

作为生态学与教育学相结合的交叉学科，教育生态学（educational ecology）旨在通过研究教育生态环境中各种生态因子与其周围生态环境之间相互作用的规律和机制，实现教育过程中"人与人、人与环境"的和谐、平衡与可持续发展。教育生态学的概念最早由美国学者克雷明（L.A.Cremin）在《公共教育》一书中提出，他认为："教育应是一个有机的、统一的系统，而该系

---

① ［德］马尔库塞著，张峰、吕世平译：《单向度的人》，重庆出版社 1993 年版，第 37 页。

② 叶险明：《人的全面而自由发展的理想和现实》，《中国人民大学学报》1997 年第 2 期。

统内部的各因子都处于彼此的有机联系中。"[①] 教育生态学是依据生态平衡、生态系统、协同进化等生态学原理与机制，研究教育系统的结构与功能，探究教育与周围生态环境之间的相互作用与关系，揭示教育生态基本规律的一门新兴交叉学科。[②] 国内外学者从微观和宏观两个方面对教育生态学进行了研究。这些研究的共同之处在于，研究视角"注重全面联系"和"强调动态过程"，即"动态—联系"视角，价值取向"突出整体价值"和"追求持续发展"，即"整体—持续"取向。[③]

根据教育生态学的观点，高等教育生态系统中有三个价值主体，即教育者、受教育者和社会，其中学生是中心；三个基本环境，即高等教育外部的社会宏观环境、高等教育内部各种不同教育层次和形式的高等教育组成的中观环境、高校内部各种生态因子组成的微观环境，其中高校是中心；两大运行系统，即输入系统和输出系统。其中，输入系统既包括社会系统对学校教育系统的诸如教师、学生、管理人员等的人力投入，以及诸如建筑、设施等的物质投入，也包括各种价值与规范的思想输入，如家长的期望、政策法律、规章制度、社会价值观与规范体系等。输出系统是指"高校向社会输出的受教育者的学习收获、态度变化、技术准备、行为变化、批判思维、情感变化等，这些因素集中体现在合格的毕业生身上。同时，教育系统还承担着传播科学技术与文化的职能"。[④] 因此，对大学生核心素质的培养应是多维度和全方位的，要涵盖其输入系统的各个方面。对大学生是否合格的评价应涵盖输出系统的各个方面，即我们所说的大学生核心素质评价体系。

教育生态学倡导一种对话式的师生关系，即"理性生态人"教育观。这种教育观充分体现了高等教育的生态化人才培养理念，以培养能够遵循生态发展规律，培养与自然、与社会、与自我和谐共生、协调进化的社会人为依归，以和谐为基础，以协同共生为价值目标，以社会责任感和社会公平观为

---

① Cremin, L.A., *Public Education*, New York: Basic Books, 1976, p.59.

② 杨锐锋、高艳红:《教育生态学视域下影响教师素质结构的生态因子分析》,《教育探索》2013 年第 12 期。

③ 王加强、范国睿:《教育生态分析：教育生态研究方式初探》,《教育理论与实践》2008 年第 7 期。

④ 范国睿:《教育生态学》，人民教育出版社 2010 年版，第 31 页。

规范，培养人的社会关系能力，提升人的内在素质，完善人格发展；在协调人与自然、处理社会与自身的关系中实现其能力价值，使社会品质、心理品质和生态品质在协调中走向融合，培养人的和谐生态伦理观、和谐社会观、生态文明观和生命价值观，使受教育者的能力素质、思想道德、伦理价值、理性思维和生态意识成为有机统一，实现人的社会价值和生命价值的协同一致。①

教育生态学研究表明，高等教育人才培养应遵循生态平衡、协同发展等生态学原理，注重人的全面自由发展，使得人才培养既符合社会发展的需要，也能契合学生对高等教育的不同要求和对自身自由全面发展的需要，真正实施“尊重人、关心人、信任人、提升人和完善人的教育”。②

从教育生态学的视角看，要全面实施素质教育，就必须建立一套符合高等教育生态化人才培养理念的核心素质培养和评估制度。在厘清教育生态系统的基本环境及价值主体的基础上，找出不同学历层次、不同专业乃至不同学生的生态位，合理评估每一个学生的生态位，全方位地动态评价、培养学生成为完整的人，实现教育生态系统中各要素之间的平衡。

（三）基于信息动力学的素质教育

信息动力学，即势科学，指研究势的产生和运行机制的科学。③势代表了中国传统文化中整体性直觉的概念，也就是老子说的“道生之、德蓄之、物形之、势成之”；势也反映了西方文明中的逻辑考量，也就是毕达哥拉斯说的“万物皆比例”。

从势科学的视角看，人的成长是一个信息作用的动力学过程。从教育过程信息作用的动力学机制来看，“教育就是将人才的一种能力或能量状态提升到另一种更高层次的能力或能量状态的过程”，④也就是一个营造信息势、激发

① 刘炎欣、陈婷：《从“理性人”到“理性生态人”——论教育观的后现代性转向及重构》，《华东师范大学学报（教育科学版）》2013 年第 3 期。

② 彭福扬、邱跃华：《生态化理念与高等教育生态化发展》，《高等教育研究》2011 年第 4 期。

③ 李德昌：《新经济与创新素质——势科学视角下的教育、管理和创新》，中国计量出版社 2007 年版，第 5 页。

④ 李德昌：《教育质量提升的对称化教育路径——势科学视角》，《教育理论与实践》，2012 年第 4 期。

情感势的过程。其中，信息势是外在势。“情感势是一种内在势，通过外在信息势激励产生。”[①] 以课堂学习为例，教师提供的信息差别越大、联系越紧密，越能够营造信息势，提高教学效果；学生的情感势越大，对学习的热情和兴趣越高，学习动力越强。

势科学理论为人才素质形成的基本机制提供了逻辑基础，进而为素质教育的有效实施提供了新的路径。在势科学的视域中，素质的逻辑定义是“对象结构或功能的序秩（有序）”。[②] 从势科学理论看，素质教育就是要建构一种推动人们竞争力成长的素质结构。这种结构是一种对称化结构。例如，“德”与“智”对称，“体”与“美”对称。势科学理论基础上的对称化教育，能够在根本上推动人才素质的非线性成长，使学生后天智力的非线性成长与生理固有的非线性成长同步，使学生在生理成熟的同时达到智力的成熟，用成熟的智力把握成熟的生理，从而真正消除学生青春期的种种困惑而实现和谐成长。[③]

势科学理论也为素质教育评价提供了可操作性原则。由于人的成长是一个信息作用的动力学过程，是动态的、多变的，很难进行结果评价，因此，素质教育的评价应更注重过程评价。

从势科学的视角看，全面实施素质教育的关键在于形成一套以过程性评价路径为主的核心素质培养和评价制度。通过动态的核心素质评价体系，对学生核心素质的各个方面进行全面、完整、动态的过程性评价，建立反馈机制，在人才培养过程中围绕大学生全人模型建立感性培养、理性培养和能力培养的良性互动机制，从而形成全员参与、全方位育人的人才培养机制。

（四）基于场域理论的素质教育

布尔迪厄提出了场域理论。场域指的是由尊卑、高下、优劣等一系列关系构成的专业场所。从分析的角度看，场域是由在各种“位置”之间存在的客

---

① 李德昌、廖梅：《感性与理性的彰显和互动是素质形成的内在动力——势科学与现代教育学理论研究之三》，《教学研究》2010 年第 2 期。

② 李德昌、田东平、薛宇红：《素质与序秩——基于耗散结构理论的教育学原理探晰》，《系统科学学报》2006 年第 14 期。

③ 李德昌、张守凤：《集约型教育与对称化素质——势科学理论视角》，《云南师范大学学报（哲学社会科学版）》2011 年第 1 期。

观关系所形成的“网络”（network）和“建构”（configuration），[①] 这些位置由权力（或资本）分配结构决定。场域就是这些资本生产、流通和占用的场所。围绕不同类型资本的争夺也就形成了不同的场域。[②]

布尔迪厄十分强调“场域”的三个基本特征，即独立性、关系性和斗争性。独立性是指场域是一个相对独立的空间，遵循着自身的逻辑和游戏规则。关系性是指场域不是一个可见的物质实体系统，而是一个由各种客观关系形成的系统。斗争性是指由于资本分配的不均，分布于场域空间中不同位置的各种力量为了获取更多的权力与利益，而不断地展开竞争活动。[③]

近年来，很多学科对布尔迪厄的场域理论给予了关注，教育学也不例外。教育场域是指“在教育者、受教育者及其他教育参与者相互之间所形成的一种以知识的生产、传承、传播和消费为依托，以人的发展、形成和提升为旨归的客观关系网络”。[④] 在教育场域中，知识是最重要的资本，教师通过知识的组织与讲授实现与学生的互动；学生通过对知识的认知与学习完成与教师及其他教育者的交往活动；教育管理者则通过对知识的组织控制和评价等形式来实现与教师和学生的沟通。可以说，教育活动、教育制度与其他社会活动、社会制度之间的关系从根本上看都是通过知识完成的。[⑤]

值得注意的是，教育场域并不是一个孤立和静止的概念，而是相对于经济场域、政治场域等其他场域而产生的场域概念，具有很强的概念再生产能力。[⑥] 教育场域的概念再生能力，是指教育场域能够分解出不同的具体的教育场域概念，比如，高等教育场域、职业教育场域、基础教育场域等，并由此体现场域的相对性和层次性。每一个场域都有一个象征性产品，这个象征性产品

① ［法］皮埃尔·布尔迪厄、［美］华康德著，李猛、李康译：《反思社会学导引》，商务印书馆2015年版，第122页。

② 徐贲、［法］布尔迪厄：《论知识场域和知识分子》，《二十一世纪》总第70期，2002年，第75—81页。

③ ［法］皮埃尔·布尔迪厄、［美］华康德著，李猛、李康译：《实践与反思——反思社会学导引》，中央编译出版社1998年版，第142页。

④ 刘生全：《论教育场域》，《北京大学教育评论》2006年第1期。

⑤ 谢维和：《教育活动的社会学分析——一种教育社会学的研究》，教育科学出版社2000年版。

⑥ 刘生全：《论教育场域》，《北京大学教育评论》2006年第1期。

是场域的核心。[1]高等教育场域的象征性产品就是系统的输出者——大学生，大学生就是高等教育场域的核心。

一些研究者认为，教育场域的症结主要发生在教育者与教育参与者之中。其第一个表现是，教育者对身边事件与行为不反思，放弃自身的主体性，在追求教学效率与探索教育本真的摇摆中丧失思的品质。第二个表现是教育者对不合理教育现象消极对待，即“不作为”。第三个表现是日渐浓厚的功利化倾向与平庸化倾向。

要纠正和解决这些症结，就必须建立一套核心素质培养与评价的制度，将高校人才培养置于整个教育生态系统中，在充分考虑系统中各种输入要素的前提下，根据各高等教育场域的不同特点和不同势位，通过动态评价大学生这一场域核心的发展情况，及时调整教育者、受教育者及各种输入要素，不断培养和壮大学生的“元势”，使学生走向社会后依然能够发挥“元势”作用，实现位势匹配，以实现培育完整的人的培育目标。

综上所述，学界对素质教育的落地从多角度进行了研究，呈现了分散而不聚焦的现象，对高等教育影响的力度是不够的。笔者认为，出现上述现象的根源在于理论和实践均存在不足。

三、理论建构

（一）理论构想

《国家中长期教育改革和发展规划纲要（2010—2020年）》指出：“尊重教育规律和学生身心发展规律，为每个学生提供适合的教育，培养造就数以亿计的高素质劳动者、数以千万计的专门人才和一大批拔尖创新人才。”将“适合的教育”写入《纲要》，是教育理念的一个重要创新。“适合的教育”是以人为本教育思想的另类表达。[2]它强调在全面发展的基础上因材施教，动态调整培养方式和目标，将个性发展至于全面发展之中，使全面发展成为个性充盈的全面发展。

---

① 李成明、王晓阳：《教育博士的发展定位与培养：场域理论视角》，《研究生教育研究》2015年第1期。

② 葛道凯：《适合的教育：江苏教育的当下期待》，《江苏教育》2017年第7期。

高校要实现“为每个学生提供适合的教育”，就应致力于培养学生在全面发展的基础上具有良好个性，以更好地满足社会对人才的多元需求。在高等教育阶段，应遵循几个基本原则:（1）是以学生为本的教育。让教育适合学生，就是要发现差异、尊重差异，要坚持以学生为中心推进教育教学改革。（2）是适应经济社会需要的教育。适合的教育必须适合地区经济社会发展需要，适合“四个服务”的要求，把适应社会需要作为衡量教育质量的标准，克服简单以升学率和考试分数评价教育质量的现象和做法。教育改革的重点要回归到“把教育与生产劳动和社会实践相结合”上。（3）是全社会共同参与的教育。教育是一项系统工程，要积极构建政府、学校、社会、家庭联动的格局。[①] 当前，“适合的教育”如何生根是中国特色社会主义进入新时代，深化教育改革，加快教育现代化，办好人民满意的教育迫切需要面对的问题。

“适合的教育”是尊重差异和多样化的教育，是适应多元社会需求的教育，是全社会共建共享的教育，更是有绩效导向的教育。他是系统的，也是动态的，理论上要求根据大学生素质全人模型细化素质要点，明确相应的素质观测点。实践层面要求建立一套动态评价机制，从入学开始，按照素质观测点对每一个学生进行有针对性的素质观测和评价，每个年级再择机进行动态素质评价，依据评价结果动态调整培养目标和培养方案，通过信息平台建设引导教育管理者、教师、学生、家长、用人单位等全方位参与，实施精准化培养，进而实现“适合的教育”，最终实现学生全面发展与个性发展的相统一。

在理论研究和实践总结的基础上，王济干教授提出了一套育人理念，旨在从育人生态场的宏观视域着眼，围绕素质教育落地的体制机制进行擘画，找寻一条可持续的、动态的大学生核心素质浸润之道，全称“育人生态场浸润理论”（Ecological Field of Educational Immersion Theory）。这既是对实践的总结，也是理论探究的深入。

---

① 葛道凯:《“适合的教育”才是最好的教育》,《光明日报》2017年12月14日第14版。

（二）理论命题

“育人生态场浸润理论”根植于实践，尊重高等教育的一般规律，直面新时代“办好人民满意的教育”的目标诉求，遵循“适合教育”的原则，重视教育主体、客体和中介的衔接，尤其关注教育目标和教育过程的耦合。我们认为：“合适的教育”需要在特定的“场域”中开展，围绕“为谁培养人”的目标，在贯彻党的教育方针的宏大叙事中持续释放能量之“源”；“合适的教育”需要完善的过程保障，围绕“怎样培养人”的规律，在推进素质教育的实践中不断累积教育之“势”；“合适的教育”需要明确的绩效导向，围绕“教育效果”的提升规律，在创新素质教育举措的实践中不断追求教育之“积”。办好中国特色的教育自有“源”头活水，“势”是正确东西的积累与释放，教育过程是“势”的照耀与牵引的过程，人的全面健康发展是正确、科学教育的“积”。

“源—势—积”是构成育人生态场的基本概念范畴，在这个生态场中，教育教学主体对受教育者又是如何实施合力浸润的？“环绕—方向感—自主与自适应性”是讨论这一问题的逻辑起点。环绕（surround）是指育人生态场中各种育人力量的指向性和接受度，这些育人力量在源和势的影响下，相互作用。环绕具有双向作用，既可以通过各种方式影响生态场中的教师和学生，同时主体间也会相互影响。方向感（orientation）是指教育者和受教育者各自对教育实践的感悟和对发展方向的把握，具有时代性。一方面，教育者应该时刻以人的全面发展为旨归，把握育人的方向感知；另一方面，受教育者在育人生态场中收到各种积极正面育人力量的引导和浸润，形成了自我素质提升的方向感知。自主与自适应性（self-supporting and self adaptation）是指育人生态场中的学生应发挥主观能动性，养成自主学习和自主适应的习惯，主动接受育人生态场中各种因素的作用，并进行自我调节和适应，为走出“育人生态场”后适应复杂的社会关系，适应社会、岗位与工作要求，自由而全面地发展打下坚实基础。

（三）理论表述

1. 源（source）

源主要指教育方针和办学理念，是育人生态场的动力来源，这是素质教育乃至高等教育的根本。离开了这一点，任何素质教育落地的实践就没有了合法性。其中，人的全面发展思想及习近平总书记提出的“为人民服务，为中国共产党治国理政服务，为巩固和发展中国特色社会主义制度服务，为改革开放和社会主义现代化建设服务”的“四个服务”思想构成了教育方针的“四梁八柱”。在党的教育方针的引领下，高校的办学理念既要传承中国文化和世界文明中的先进教育思想，也要符合新时代国家对人才培养的根本要求。源具有扩散性、多向性及多样化特征。因此，高等教育应在紧密围绕“源”的前提下，推动理论与实践的双完善和双促进。

2. 势（force）

势是指具有方向性的各种育人力量之和。势富含能量，在育人生态场的各个站位点协同发力；势具有方向性，在育人生态场中共同作用、剑指学生的核心素质提升；势具有多样性，高校校情不同，育人生态场的结构存在差异，但不忘培养既具有某一高校“特质”，也符合社会需求的合格人才这一终极目标。在育人生态场中，各种育人力量之和，会产生一种“强势效应”，引领或推动受教育者朝着核心素质提升的方向迈进，从不自觉进而走向自觉。势具有位能特征，可从高位能逐步转移、影响低位能，使受教育者从不知到知，从低认知到高认知，从小善到大善。好的势体现引人向上、向善，势具有吸引和影响特征。在育人生态场中，各种育人力量在发挥功能的同时也会产生以情感为表征的文化软实力。既包含传统的“为人师表”“教书育人”“以学生为本”等普适性思想，也包含行业特色高校在长期办学过程中形成的个性化的思想。因此，素质教育的落地不能忽视育人生态场中的“势”。

3. 积（accumulation）

育人生态场中的积的概念，是指任何有利于人的全面发展和核心素质提升的因素的累积叠加，这些因素的力量不断聚集、相互关联，形成了良好的乘法效应。“积”可分为“内部积”和“外部积”：内部积是个体对外部纷繁信息和影响的自我感知，其特征是“整合”“内化”；外部积的特征是多样性和极为复杂性，外部积的优化要通过主流意识强烈引导和正确文化持续浸润，也要管理与制度影响。由于高校不可能在世外桃源生存，面对权力和资本的侵蚀，高校育人生态场中也会暗存负能量，这些负能量的堆积可能导致有利因素叠加作用的减弱。因此，在育人生态场中应充分把握“源”的作用，通过“源”的调节引导“势”的调整，尤其注重引导育人生态场外在势和内在势的双“势”

叠加，保障育人生态场中的积极因素在抵消负能量后仍能持续发力，最终实现不断累积有利因素的目标。

育人生态场作为一个综合的、有出发点且方向明确（源）的客观关系网络，其动力机制主要在于持续浸润与环绕效应生成。即在生态场内，通过制度平台，发挥教育方针和办学理念的引导作用，把握教育发展规律和教育发展的方向，整合各种积极正面的育人力量（势），产生核心价值的环绕效应，促使生态场中的行动者（教育教学主体、受教育对象）对核心素质的教育重点和养成要点产生一致共鸣。多措并举，实现学生六大核心素质的整体提升，最终实现人的全面发展的人才培养目标。

（四）理论框架

适应新时代、办人民满意的教育既是一个实践命题，也是一个理论命题。“适合的教育”是形象的表达，“育人生态场浸润理论”是抽象的概括。“育人生态场”关注环境因素对教育实效性达成的影响，关注育人“场域”中文化资本的持续构建，关注主客体的思维“惯习”与行为“惯习”。育人生态场是个动态系统，关注系统的整体性、层次性、关联性和自组织性是构建育人生态场的基本前提。育人生态场也能呈现一个静态的网络结构，它是以人的全面发展为旨归的客观关系网络，逻辑框架图如下：

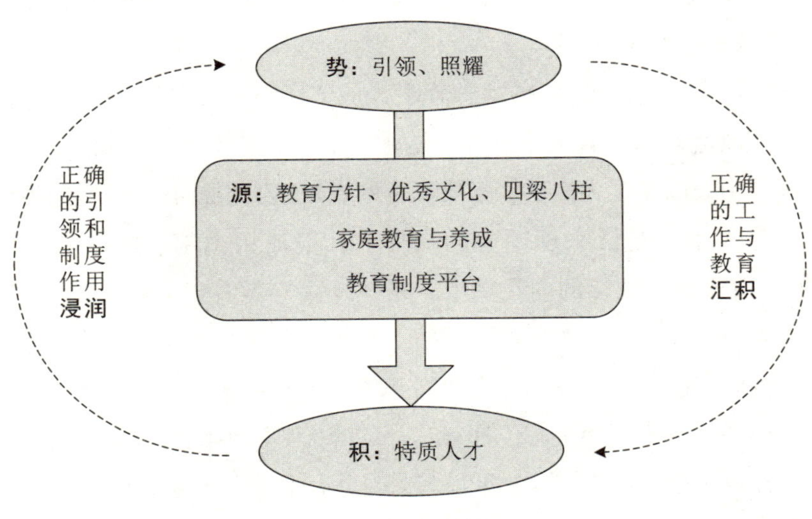

图 1 育人生态场

育人生态浸润理论努力探索教育的本质特征和基本规律，从系统学的角度将教育的基本元素和基本关系表述成育人生态场的网络结构，体现教育的本质是引领和浸润，教育的特征是通过知识教授、理念指引、价值建构，形成一种高势能的教育资源，引领照耀受教育者，揭示理想的教育应是高势能的资源引领、一致的教育引导、不同教育功能的协同整合，将核心理念活化为制度工作平台等工作过程。

在这一生态场中，以人的特质化发展为目标，教育方针、优秀文化、四梁八柱、家庭教育与养成及教育制度平台为主要动力输出来源，同时，相关教育教学制度是育人生态场中育人理念得以落地的载体。通过相关制度，育人生态场中的行动者（教师、教育管理者、学生等）在育人规律的引领、浸润、环绕下不断汇聚各种正向力量，教育者和受教育者对核心素质的教育重点和养成要点产生一致共鸣，进而自觉认同、自主实践和自行提升，形成具有特色的育人生态场。各类育人主体的用力方向一致，力量不断聚集，形成良好的乘法效应，共同推动学生六大核心素质的提升，涵养学生特质。育人生态场浸润理论是一个理想的模型，其内容包括“源、势、积”等基本概念，“环绕、方向感、自主与自适应”等基本工作范畴，“引领、浸润、教育理念、大学文化、制度平台、特质人才”等育人过程性要素所组成的概念结合，努力展示育人规律和若干概念之间的关联，形成若干将理论落实到教育教学实践的理论命题。

（五）理论的科学维度

从“源—势—积”的基本概念着眼，从“环绕—方向感—自主与自适应性”这一逻辑起点探讨育人生态场的构建，能为做实素质教育打下坚实基础。在这一场域中，以制度为抓手，素质教育的有效落实也就有了坚实的平台。

在“育人生态场浸润理论”的指导下，狠抓相关制度的落实，是尊重“源、势、积”运行规律的内在要求，是体现高等教育以人为本的价值追求，也是做实高等教育以人为本的抓手举措。在当代大学，以人为本首要体现在以生为本。以此为出发点，我们认定在高等教育生态系统中，每个学生都有自己的生态位，并且每个人的生态位都有其一定的优势。因此，作为教育者应该首先准确认知每个学生的生态位，能够较好地运用教育学、心理学和生态学等知识，科学分析每个学生的智能结构、兴趣爱好、优势特长、潜在资质及缺点不足。作为学生，应在客观评价自我的基础上，科学定位，合理规划，确立符合自身实际的发展目标。

教育应该是充满感情的，学生在育人生态场中成长的每一步都会感受到情感的温暖，接受的是有情有义的教育。学生的成长关乎感性培养，思维训练关乎理性培养，实践把握关乎能力培养。“环绕—方向感—自主与自适应性”落地的过程，就是实施素质教育、实现学生和谐成长、建立三者之间良性互动的过程。

“育人生态场浸润理论”的提出，就是在直面高等教育的现实问题，力求解决高等教育发展过程中出现的问题。以此为起点，努力让高等教育远离功利与平庸且充满感情，让身在其中的人更好地成长。

第一章

大学生素质教育管理与制度

教育的本质是引导和浸润，大学的育人功能在于营造高能位的“势”，以持续地、无处不在地影响学生。正因为如此，大学要认真治理育人环境，要形成正确的、良好的育人“积”，不仅引导学生，而且要提升学生抵御不良侵害的能力。

党的十九大报告指出，“建设教育强国是中华民族伟大复兴的基础工程”，①这是新时代赋予教育的重要历史使命，也成为高等教育改革发展的方向引领。在“建设教育强国”的新征程中，“必须把教育事业放在优先位置”，“实现高等教育内涵式发展”，“发展素质教育”。②从十七大报告的“实施素质教育”，到十八大报告的“全面实施素质教育”，再到十九大报告的“发展素质教育”，体现了党对素质教育的殷切期望，也凸显了素质教育地位的提升，这对素质教育管理与制度研究提出了更高的要求。

第一节　关于素质教育的若干思考

长期以来，大学生素质教育理论与实践始终存在“两张皮”现象，创新

---

① 习近平:《决胜全面建成小康社会夺取新时代中国特色社会主义伟大胜利——在中国共产党第十九次全国代表大会上的报告（2017 年 10 月 18 日）》，人民出版社 2017 年版，第 45 页。

② 同上书，第 45—46 页。

素质教育理念，做实素质教育实践，是一个长期的命题。

一、素质教育需要系统整合

继大学生核心素质全人模型研究之后，我们系统化厘清了大学生素质的结构，六大素质之间有内在的统一性，共同指向“培养全面发展的人”这一教育的最高目的。回答好“如何培养人”这个命题，其实也就找到了素质教育实践真正落地的有效路径。我们不缺素质教育的好举措，缺的是有效的整合。

首先是大学生素质结构要素的整合。我们认为，大学生素质结构要素以思想政治素质为统领，统筹专业素质、创新创业素质、科学文化素质、能力素质、身心素质等方面协调发展。高校在教育教学中，要从方向性、根本性、助力性、基础性 4 个层面对大学生的素质结构进行系统化设计，牢牢把握人才培养方向，强化实践思维、辩证思维、历史思维、批判思维、审美思维，促进人才培养供给与产业需求相适应，实现六大素质与教育教学实践的有效精准对接。

其次是素质教育工作体系的整合。采用教师教育—学生自我养成相互推动、素质发展规划—状态评价相结合的方式，在六大素质基础上，明确学生素质观测点，将六大素质细化为 38 个教师教育重点和 33 个学生自我养成要点，① 落实成切实可行的素质培养实施路径。集学校、企业、学生家长、学生为一体，共同参与人才培养，实现全员、全过程育人。

再次是素质教育资源的整合。一方面，构建素质教育有效性评价机制，对学生素质进行动态监测，对素质教育薄弱环节精准定位—施教—反馈—改进，针对不同群体的测评状态，开展菜单式教育教学活动，保障素质教育可监测、可反馈、可调整，持续进行闭环调节，实现育人方案精准化实施，动态弥补学生素质短板。另一方面，注重将教师参与的重大科研项目转化为教学资源，特别是转化为大学生创新训练、专业指导等内容，与企业对接开展案例教学。

---

①　王济干、汤建、周春燕等：《基于需求导向的大学生核心素质培养研究》，人民出版社 2017 年版，第 229—230 页。

二、素质教育需要顶层设计

顶层设计原是一个工程术语，本义是对项目的各个要素和实施步骤进行统筹规划，泛指从战略的高度筹划全局，[①] 亦即在最高层次上寻求问题的解决之道。

当前，素质教育在顶层设计方面还较为薄弱，这主要是由于对素质教育的认识存在诸多误区造成的：很多人把素质教育误认为是非知识教育；将素质教育与“英才教育”对立起来，把素质教育简单地看成是“优胜劣汰”；将检验教育成果与素质教育对立起来，单纯把素质教育看成是非考试教育。[②] 可见，厘清素质教育认识误区任重道远，加强素质教育顶层设计十分重要。

“育人生态场浸润理论”中“源—势—积”的思想，为素质教育的顶层设计提供了理论源泉。具体而言，素质教育的顶层设计需要在“源”（教育方针、优秀文化、四梁八柱）的指导下进行，充分运用“势”的“引领、照耀”功能，对素质教育的各方面、各层次、各要素进行统筹考虑，并将正确的工作与教育汇“积”，从而有利于在实施素质教育的全过程中追根溯源，统揽全局，确定目标，制定战略，规划路径。

三、素质教育需要有效落地

对素质教育加强顶层设计固然重要，但更为重要的是，好的顶层设计如何渗透到素质教育各个领域中的实际行动，如何转化为基层动力，亦即如何有效落地。

当前，素质教育的制度创新与建设并未在实践中取得明显成效，主要包括：思想道德素质教育的目标与效果反差太大，矛盾的两面既分别表现于不同的人或群体，也统一于少数人身上；一些学生的文、史、哲、艺等学科的知识相对比较贫乏，特别是文学艺术修养、语言文字表达能力等均没有达到基本要求，文化素质教育亟待加强；科学技术素质教育在方法上存在多方面不足，教

---

① 中国社会科学院语言研究所词典编辑室：《现代汉语词典》（第 7 版），商务印书馆 2016 年版，第 305 页。

② 王济干、蒲晓东等：《大学生核心素质模型构建及提升路径研究》，人民出版社 2015 年版，第 26 页。

与学的效果只能用播音和笔录于笔记本再转录于试卷的效果来判断；大学生处在生理、心理迅速变化时期，处在从不成熟到成熟的时期，其身体素质、心理素质教育尚需强化。[①]相关调查研究也表明，素质教育还未达到各主体的心理期望，用人单位对素质教育有效性总体评价很低。[②]可见，素质教育的实践还没有真正落地。

"育人生态场浸润理论"中的"浸润"思想，能够启示素质教育如何有效落地。事实上，"浸润"本身是根植于实践的，在育人生态场中，一方面，教育教学主体对受教育者实施合力浸润，注重素质教育目标和过程的耦合；另一方面，受教育者受到各种育人力量的引导和浸润，也全面提升了自我素质。

第二节　素质教育管理研究

管理思想很多都被移植到教育管理领域，[③]因此，素质教育管理也是在一定的管理思想的作用下进行的。针对素质教育在认识和实践中存在的问题，加强素质教育管理研究显得十分重要且迫切。

一、管理的基本概念

自人类社会诞生以来，就有了管理。管理活动作为人类的基本活动，已经渗入到现实社会生活的每一个角落。从字面意思来看，"管理"可以理解为"管辖"和"治理"。"管辖"是指管理所达到的范围，即管理权限，而"治理"则是指管理权限的运用。也就是说，"管理"可理解为在一定范围内，对人员和事务的安排和处理。[④]从汉语语义来讲，"管理"是指负责某项工作使顺利

---

① 王济干、蒲晓东等:《大学生核心素质模型构建及提升路径研究》，人民出版社2015年版，第26—27页。

② 王济干、汤建、周春燕等:《基于需求导向的大学生核心素质培养研究》，人民出版社2017年版，第142页。

③ 王世忠:《教育管理学》(第二版)，科学出版社2014年版，第68页。

④ 季辉:《管理学》，重庆大学出版社2017年版，第3—4页。

进行，[①] 其本质是协调，目的是实现预期目标。[②]

管理学至今对“管理”一词尚无统一的定义。即使是管理学大师们，基于不同的视角和研究的需要等原因，他们对管理的认识也存在一定的差异。比如，泰勒指出：“在很大程度上，科学管理就是预先制定工作任务计划，并使之落实。”[③] 法约尔认为：“管理是计划、组织、指挥、协调和控制。”[④] 西蒙主张：“管理过程就是决策过程，它们先分离出组织成员决策制定过程中的某些要素，再建立规范的组织程序，来选择和确定这些要素，并将要素的信息传递给组织内相关的成员。”[⑤] 孔茨提出：“管理就是研究如何为以团队方式工作的个体设计和保持某种特定的环境，从而使其能够高效实现企业既定目标的工作过程。”[⑥] 德鲁克指出：“管理是我们的社会机构中用来领导工作、指明方向、作出决策的器官。”[⑦] 罗宾斯认为：“简单来说，管理就是管理者要做的事情；一个更好的解释是，所谓管理，是指通过与其他人共同努力，既有效率又有效果地把事情做好的过程。”[⑧]

管理定义呈现出多样化的特征，一方面说明随着社会经济的发展，管理的概念在不断发展和丰富中；另一方面也启示我们，只有从多个角度对“管理是什么”这一问题进行深入思考，才可能较为全面地认识管理并把握其实质。事实上，尽管管理的定义不尽相同，但均不同程度地突出了组织、

---

① 中国社会科学院语言研究所词典编辑室：《现代汉语词典》（第7版），商务印书馆2016年版，第482页。

② 辞海编辑委员会：《辞海》（第六版彩图本），上海辞书出版社2009年版，第767页。

③ ［美］泰勒（Taylor，F.W.）著，黄榛译：《科学管理原理》，北京理工大学出版社2012年版，第20页。

④ ［法］法约尔（Fayol，H.）著，迟力耕、张璇译：《工业管理与一般管理》（珍藏版），机械工业出版社2013年版，第6页。

⑤ ［美］西蒙（Simon，H.A.）著，詹正茂译：《管理行为》（珍藏版），机械工业出版社2016年版，第6页。

⑥ ［美］孔茨（Koontz，H.）、韦里克（Weihrich，H.）著，韦福祥等译：《管理学精要》，机械工业出版社2005年版，第3页。

⑦ ［美］德鲁克（Drucker，P.F.）著，余向华、陈雪娟、张正平译：《管理：任务、责任和实践（第一部）》，华夏出版社2008年版，第16页。

⑧ ［美］罗宾斯（Robbins，S.P.）、德森佐（DeCenzo，D.A.）、库尔特（Coulter，M.）著，毛蕴诗主译：《管理学：原理与实践》（原书第9版），机械工业出版社2015年版，第6页。

目标、人、协调等词汇。因此，笔者认为，管理是指在特定的环境下，管理者以人为中心，对组织的资源进行协调，有效率并有效果地实现组织目标的过程。

二、素质教育管理的概念界定

国外并没有素质教育这一提法，但综合素质作为一种教育思想理念却有着很深的思想渊源。从古希腊的亚里士多德、近代的卢梭到现代的杜威的教育思想，都渗透着综合素质的一些基本特点。[①] 根据素质教育管理专家和学者的研究，20 世纪以前欧洲所倡导的以培养绅士为目标的博雅教育与我国古代儒家培养君子的教育理念有异曲同工之处；而近代以来美国所倡导的通识教育实质上就是目前我国所推行的素质教育。[②]

素质教育管理从字面上看，是由"素质教育"和"管理"两个词语组成的。但在素质教育和管理两者的关系上，素质教育是内在根基，而管理是外在形式，素质教育管理的使命在于用管理去实现素质教育的目标。

根据上文对管理的定义以及素质教育和管理的关系，笔者认为，素质教育管理是指管理者在特定的环境下，以人（主要指学生）为中心，遵循教育规律和人才培养规律，对教育组织的资源进行协调，有效率并有效果地实现素质教育目标的过程。

三、素质教育管理的重要性及其研究内容概述

正像本章第一节中所阐述的，素质教育在认识和实践中存在诸多问题，素质教育管理任重道远。十九大报告提出"发展素质教育"，体现了党对素质教育的殷切期望。对高校来说，所有工作的出发点和落脚点都是为了学生的发展，[③] 而素质教育管理作为一种目标和问题导引的体系与过程，归根结底也是保障学生进行素质教育的权利，进而全面提升人才培养质量，并为实现党的教

---

① 王济干、汤建、周春燕等：《基于需求导向的大学生核心素质培养研究》，人民出版社 2017 年版，第 13 页。

② 同上书，第 15 页。

③ 同上书，序第 1 页。

育理念创造条件。因此，素质教育管理就显得尤为重要与紧迫。

席西民等曾指出："从管理研究的内容看，有其一定的理论特性，但总的来讲，管理研究有很强的实践性和可操作性。"① 在中国特色社会主义进入新时代的今天，对照十九大提出的"发展素质教育"的新要求和新目标，我们应博采众长，结合我国已有研究成果和现实问题，对素质教育管理开展目标和问题导引下的应用研究。我国学界的已有研究成果主要围绕素质教育管理的模式、系统、平台、评价、创新等方面开展研究：

（一）素质教育管理模式的代表性观点

林淑媛指出：素质教育管理模式是以"人"为主体，以"人的全面发展"为目标，以教育要素的整体为优化手段，以立体同步为特征的现代化管理模式。② 张勇华提出：要实现大面积推进素质教育的目标，就应在优化协同的思想指导下，以教育科研为手段，建立有控开放的管理模式、多位一体的教学体系，达到教育体系的区域优化。③ 韦建平强调：大力推进高校教育管理体制改革，从养成教育管理模式向素质教育管理模式转变，是高校实施综合素质教育的关键所在。④ 赵璇主张：当代环境下大学生素质教育管理模式应坚持的构建原则，有明确组织目标与任务原则、主体责任制原则、系统性原则、从群众中来到群众中去的原则、独立性与专业化的原则，要在正常的教学管理组织之外，建构起一个独立的、由一名校级领导负责的素质教育管理组织。⑤

（二）素质教育管理系统的代表性观点

王洪礼认为：素质教育能否真正取得实效，至少取决于指导系统、条件系统、操作系统、管理系统、评价系统五个系统，其中素质教育管理系统起着保驾护航的作用。⑥ 陆峰指出：随着素质教育的全面推进，国内各高校纷纷开

---

① 席西民、王亚刚：《管理研究》（第 2 版），机械工业出版社 2013 年版，第 10 页。

② 林淑媛：《主体·整体·立体——素质教育的管理模式探讨》，《教育改革》1994 年第 1 期。

③ 张勇华：《加强教育科研　优化教育体系　推进素质教育》，《山东教育科研》1999 年第 4 期。

④ 韦建平：《知识经济：呼唤高校综合素质教育》，《科技进步与对策》2000 年第 6 期。

⑤ 赵璇：《当代大学生素质教育管理模式研究》，《河南农业》2015 年第 12 期。

⑥ 王洪礼：《素质教育理论及其课堂教学实践操作之探讨》，《贵州师范大学学报（社会科学版）》2003 年第 3 期。

展了大学生素质拓展活动，应紧跟时代潮流，有效利用数字化教学资源，建立素质学分管理系统。[①] 陈德良绘制了高校素质教育管理系统数据仓库图，指出：高校各院系、各部门积累了大量的学生素质数据，利用这些数据可以进行分析和推理，辅助高校管理者进行素质教育的管理和决策，提高高校管理水平及竞争力；而把信息加以整理归纳和重组，并及时提供给相应的管理决策人员，是数据仓库的根本任务。[②] 张辅松强调：教育场可以改变受教育者的心理张力，从而改变受教育者的行为方式，达到使素质教育系统有序度增大的目的，可以通过对教育场场强大小的调节，来调节素质教育系统学生个体的行为；素质教育系统的目的就是要将教育势能转化为学生个体自我约束、自我教育、自我管理、自我服务、自我发展、自我成才的动能。[③]

（三）素质教育管理平台的代表性观点

季恒等指出：高校学生素质教育管理平台逐步解放了高校班主任的统计数据压力，为高校管理者提供了一个直观的评价平台，也为学生提供了一组可回顾、总结成长过程的数据，更为研究学生思想行为动态提供了真实有效的资料。[④] 魏饴强调：面对素质教育这样一个艰巨的社会系统工程，进一步推进素质教育的关键在于深化教育改革，举措之一是融合人文与科学，构建文化素质教育平台。[⑤] 王忠华认为：好的在线信息素质教育模式必须要有一个高效完善的管理平台做支撑；根据集成型在线信息素质教育模型的功能设计和相关运作要求，管理平台的集成主要包括用户管理、教学资源管理、交流信息管理、评价信息管理、人力资源管理五个方面的集成管理。[⑥] 欧海燕主张：在高等学校，第二课堂已不仅是第一课堂的补充和延伸，而且与第一课堂同等重要，应打造多元发展的第二课堂素质教育平台，包括思想政治教育平台、学术科技育人平

---

① 陆峰：《浅谈素质学分管理系统的意义及创建要求》，《经营管理者》2016 年第 7 期。

② 陈德良：《高校素质教育管理信息系统研究》，《社会科学家》2012 年第 6 期。

③ 张辅松：《基于自组织演化的高校成长管理研究》，武汉理工大学博士学位论文，2011 年。

④ 季恒、潘小明：《高校学生素质教育管理平台的设计与实现》，《软件导刊》2011 年第 11 期。

⑤ 魏饴：《大学素质教育与教育回归人本》，湖南师范大学博士学位论文，2007 年。

⑥ 王忠华：《集成型在线信息素质教育模式研究》，《图书馆学研究》2009 年第 1 期。

台、课外实践教育平台、文化艺术育人平台等。[①]

（四）素质教育管理评价的代表性观点

文心等把素质教育的管理、评价与监控系统的研究形容为教育面临的世纪难题，并认为学生综合素质评价是世纪难题的核心部分。[②] 陈雄一等提出：建立与素质教育目的相适应的科学的评价体系，是全面贯彻党的教育方针，有效实施素质教育的基本保证，是强化教育管理、提升管理水平、提高教育质量的有效手段。建立科学、有效的素质教育评价体系，必须以人的全面发展的学说、教育的目的、教育法规和教育实践经验为依据，必须遵循正确导向、科学合理、多元标准、简易可行和依法治教的原则。[③] 朱中华强调：高校素质教育评价是高校素质教育实践中的一种反馈调节系统，通过评价有助于引导、促进高校教育思想、观念的转变，有助于树立正确的教育教学观、教育质量观、成才观，有助于促进管理队伍、教师队伍整体素质的提高，有助于学生自主提高素质意识的增强。[④] 周小李依据素质教育的基本特质与构成因素，根据指标设置应该遵循的基本原理，建立了素质教育评价指标体系，包括目标层、模块层、领域层、指标层等内容。[⑤]

（五）素质教育管理创新的代表性观点

陆锦冲认为："突出大学生科技创新能力培养有利于实现素质教育的管理创新。要突出大学生科技创新能力培养，加强科技创新的学理研究、学科建设研究，构建大学生科技创新能力培养的完整体系。"[⑥] 付永红等主张："利用多种渠道和形式提高教师创新素质，充分发挥实践教学的演练作用，重视激励机

---

① 欧海燕：《高校第二课堂综合素质教育平台的构建与创新》，《吉林省教育学院学报》2014 年第 9 期。

② 文心、朱仕竹：《育民族之英华　造未来之栋梁》，《党史天地》1998 年第 10 期。

③ 陈雄一、胡明宝：《构建素质教育评价体系的意义与原则》，《湖南社会科学》2003 年第 3 期。

④ 朱中华：《关于构建高校素质教育评价体系的思考》，《教育探索》2006 年第 3 期。

⑤ 周小李：《马克思教育观视域下当代中国素质教育研究》，中南大学博士学位论文，2012 年。

⑥ 陆锦冲：《试析大学生素质教育与科技创新能力的培养》，《黑龙江高教研究》2011 年第 11 期。

制的完善和创新，是实现素质教育管理创新的有效手段。”[①] 李晓飞建议：“素质教育管理创新的方式包括构建以某一副校长为主的核心管理层，设置一个素质教育理论研究机构，设置一个当代大学生心理与个性特征研究机构，建立一个素质教育管理、规划与执行机构，建立一个素质教育监督与评估机构等。”[②]

四、素质教育管理需要素质教育制度保障

由上述内容可知，素质教育管理所涉的领域是较为宽泛的，包括素质教育管理的模式、系统、平台、评价、创新等，这不仅要求对相关内容进行科学化管理，而且需要构建相关制度对素质教育管理进行保障。从学者王建华有关制度与管理关系的思想[③] 可以推论：一方面，管理是制度发挥作用的基础，离开管理谈制度是没有意义的，管理的本质就是协调组织在制度框架内的活动。没有素质教育管理，素质教育制度就得不到执行，而没有执行，素质教育制度也就不成其为制度。另一方面，制度是管理的依据，管理需要制度化，没有制度的管理也许会取得一时的成功，但终将走向失败。良好的素质教育制度建设是素质教育管理有序进行的前提，素质教育制度是素质教育管理的必然边界。

鉴于制度对管理的科学化起着重要的保障作用，因此，有必要深入研究素质教育制度，通过制度创新与制度建设，可以确保素质教育的顺利实施与发展，全面提升人才培养质量，从而实现十九大对素质教育提出的目标任务。

第三节　素质教育制度研究

制度是一个很宽泛的概念，社会科学对“制度”的研究由来已久，对其

① 付永红、郭雪松：《高校素质教育管理创新的思考》，《辽宁医学院学报（社会科学版）》2007 年第 4 期。

② 李晓飞：《素质教育视野下大学生管理模式创新研究》，《陕西教育（高教）》2016 年第 4 期。

③ 王建华：《试论大学组织、制度与管理的相关性》，《南京师大学报（社会科学版）》2007 年第 2 期。

定义仍然是众说纷纭，但通观各种定义，制度最一般的狭义解释是：要求大家共同遵守的办事规程或行动准则。从这个理解出发，那么教育制度就是指国家各级各类教育机构与组织的体系及其管理规则。根据本书的研究框架，我们对教育制度的研究更侧重于分析教育管理层面的有关规则，以及建立某种特定教育制度的必要性和可行性。

一、大学生素质教育制度的分类

什么是素质教育？素质教育是很具有本土性的一个教育概念，是20世纪80年代中期我国教育界针对应试教育存在的弊端而提出的一种新的教育理念，其范畴从最初的基础教育扩展至高等教育。为了有效推行素质教育，2010年颁布的《国家中长期教育改革与发展规划纲要（2010—2020年）》把素质教育上升到了教育改革发展战略主题的高度。因此，素质教育的有效推行就必须建立与之相应的一系列教育教学制度。制度建构很大程度上是多元价值的选择过程，素质教育制度最重要的思想基础就在于倡导用以人为本的思想和自由独立的思想代替应试教育思想和教育功利思想。[①] 大学中的教育教学是最为基本的活动，而经常性的教育管理工作则是通过各种管理制度来实现的。教育制度是各项教育管理工作的基本依据和规程。

高校学校制度是为了实现国家的高等教育目的和学校的办学目标和理念，依据有关法律法规及方针政策、按照一定程序自主制定的、在全校范围内实施的，对学校各项工作有普遍性约束力的规范性文本。大体可以分为：高校根本制度、高校基本制度、高校具体制度。在具体制度层面又包括，党务管理制度、行政管理制度、学术管理制度、教学管理制度、学生事务管理制度，等等。高校制定的素质教育制度是规范素质教育管理的制度文本，使人才培养活动具有合规性。整体来看，大学生素质教育制度大体可以分为三类：

（一）素质教育组织管理制度

大学生素质教育是一个系统复杂的工程，要顺利开展实施，就必须建设

---

① 眭依凡、王贤娴：《再论素质教育》，《中国高教研究》2017年第8期。

一系列的组织管理制度。素质教育不仅存在于第一课堂的教学、第二课堂的社会实践等主阵地，而且与校园文化等潜在育人的载体密切关联。当前，我国高等教育已经进入深化综合改革，加强内涵建设的关键时期，新一轮高校本科教学工作审核评估业已全面实施，审核评估的核心是对学校人才培养目标与培养效果的实现状况进行评价，从具体的一些指标来看，充分体现了对人才素质发展的综合考量。由此，可以判断素质教育组织管理制度对于第一课堂、第二课堂育人实践具有基础性保障作用。

高校素质教育管理部门需要对内部或外部资源进行分配调整，对实施素质教育的组织架构、功能、目的进行明确和界定，如素质教育教学管理制度。素质教育背景下，教学管理制度显得越发重要。教学管理制度的构建是以实现素质教育目标为根本，对教学活动的计划、组织与开展进行科学的管理；完善的教学管理制度可以保证教学活动的有效开展，同时也可以促进高校教育目标的实现。此外，实施素质教育，教师是关键，建设一支高素质师资队伍是素质教育能否实现的根本保证，因此，必须在制度层面不断加强教师队伍的思想道德建设、专业素质建设、考核制度、强化培养教师学习和创新能力等。

（二）素质发展培养制度

既扎实打牢基础知识又及时更新知识，既刻苦钻研理论又积极掌握技能，不断提高与时代发展和事业要求相适应的素质和能力，需要一系列培养制度予以支撑。从素质教育的模式来看，世界一流大学在探索中形成了通识教育、精英教育、领袖教育、创新创业教育四类主要的素质教育模式，在此基础上形成了一系列的配套制度。比如，书院制是实现通识教育和专才教育相结合，力图达到均衡教育目标的一种学生教育管理制度。我国一些高校实行的素质学分制是以学分为单位，全面衡量学生德、智、体、美诸方面素质的一项教育管理制度。武昌理工学院推行的素质导师制以专职的素质导师为学生开展非专业素质教育，使之与专业素质教育有机结合，逐步内化、提升为学生的综合素质的一种育人制度。

2017 年初，教育部发布了《教育部高等教育司关于开展“新工科”研究与实践的通知》，希望各地高校开展“新工科”的研究实践活动，从而深化工程教育改革。相对于传统的工科人才，未来新兴产业和新经济需要的是工程实践能力强、创新能力强、具备国际竞争力的高素质复合型“新工科”人才。当前，我国高等工程教育规模已居世界第一位，新时代背景下，新技术、新产业、新业态和新模式对一流工程人才培养提出了新的要求，高等教育迫切需要一种新的制度体系与新要求对接。从学校人才培养环节来讲，就是如何围绕落实立德树人这个根本任务，坚持以学生发展为中心，系统优化“新工科”人才培养体系。具体可以从三方面加以实现：一是围绕国家发展战略和需求，建立专业体系和知识体系的动态调节机制；二是尊重人才成长规律，优化人才成长的学科环境；三是推动融和贯通，为学生创造更多的选择机会、更大的发展空间、更优的课程体系、更强的职业引导。从本质上看，“新工科”人才培养要求与我们提出的六大素质协调发展的教育理念殊途同归。

（三）素质成效督导评估制度

有研究者将高校学生综合素质测评定义为：将高校学生作为测评的主体，采用科学合理的方式方法，通过大量搜集学生在学习生活、课外活动等多方面的综合表征信息，运用一定的统计与分析技术手段，针对某个或多个素质目标做出价值测量和判断的过程。① 国内高校主要是通过建立大学生综合素质测评体系，实行人才培养工作质量年度报告制度，对学生发展进行引导、矫正、管理，凸显素质评价所具有的监控、激励功能，统筹整体质量提升与个体全面发展。② 而一些高校实行的人才培养工作质量年度报告制度，则更强调高校办学决策的科学性、针对性和及时性。此外，在学生素质教育质量评估方面，美国有教育报告卡制度，其目的在于使教育质量监控信息透明化，充分尊重公众对教育质量的知情权，满足公众对教育绩效问责的要求，同时也是促进学生学习、提升教育决策品质的重要方法与途径。③

---

① 罗勇、宋璐怡：《高校学生综合素质测评体系探析》，《教育评论》2014 年第 12 期。

② 时光、张绍学、罗晓芹：《高校教学模式改革与“互动式”教学模式初探》，《西南民族大学学报（人文社科版）》2003 年第 10 期。

③ 林浩卓：《关于美国教育报告卡制度的考察及启示》，《民族教育研究》2015 年第 1 期。

二、建立素质教育报告制度的必要性

（一）新时代素质教育提出新要求、新基点

大学的职能要求高校不断探索与新时代相适应的素质教育制度。2017年2月，中共中央、国务院印发了《关于加强和改进新形势下高校思想政治工作的意见》，强调高校肩负着人才培养、科学研究、社会服务、文化传承创新、国际交流合作的重要使命。高校的五大职能中，人才培养是核心，五个方面是一个有机整体，应该齐头并进，对于加快建设世界一流大学和一流学科，提高我国高等教育发展水平，增强国家核心竞争力，具有极其重要的意义。

在中国大地上，大学要始终回答好“培养什么样的人、如何培养人以及为谁培养人这个根本问题”。我国高等教育肩负着培养德智体美全面发展的社会主义事业建设者和接班人的重大任务，必须坚持正确政治方向；必须把思想政治工作贯穿教育教学全过程，实现全方位育人，全过程育人；必须走自己的高等教育发展道路，为人民服务，为中国共产党治国理政服务，为巩固和发展中国特色社会主义制度服务，为改革开放和社会主义现代化建设服务。

青年一代的理想信念、精神状态、综合素质，是一个国家发展活力的重要体现，也是一个国家核心竞争力的重要因素。2017年1月，国务院正式发布《国家教育事业发展“十三五”规划》，该规划明确提出，“必须紧紧围绕全面提高教育质量这个主题，把立德树人作为根本任务，全面实施素质教育，积极培育和践行社会主义核心价值观，更新育人理念，创新育人方式，改善育人生态”。党的十九大报告中，更是明确提出，“青年兴则国家兴，青年强则国家强。青年一代有理想、有本领、有担当，国家就有前途，民族就有希望。”以上所述都说明，处于新时代的高等教育必须以更高的历史站位，在新的基点上要有新气象新作为，及时深化人才培养模式、教学内容及方式方法等方面的改革，使教育教学更加符合教育规律、更加符合人才成长规律。

（二）大学生素质教育现状与问题

大学的根本任务是培养人才。改革开放以来，我国高等教育虽然取得了巨大的进步，但由于历史和现实的原因，在人才培养过程中还存在着不少问

题，也正因为如此，高等教育改革的步伐从未停止，并且在这个需要不断深耕的领域，不断更新观念，创设实验，寻求新策。进入新世纪以来，中国高等教育经历了从精英化向大众化的转变，有的地区已经进入到了普及化阶段。大学生素质教育也已经实施多年，但从高校素质教育的研究与实践整体来看，与国家教育改革发展的战略要求，顺应国际大势和实现教育现代化还存在差距。对于行业特色型高校而言，如何建立“新工科”人才培养体系，有效实现产教融合，适应未来新兴产业和新经济需要，还存在一些问题，对学生的评价总体侧重于学业评价，存在一定的片面性，不能有效激励学生全面发展，在引导学生适应社会需求方面存在脱节。比如：还存在“重工具理性，轻价值引导”的倾向，部分大学生的政治意识弱化、淡化；还存在“重人才供给，轻行业需求”倾向，以及“过度专业化”的弊病，毕业生不能适应行业发展需求，存在素质短板和缺陷；还存在“重共性培养，轻特质养成”倾向，教育链与产业链缺乏有效衔接，办学特色彰显不够不足，人才特质不突出；等等。

（三）高校素质教育管理体制现状及存在的主要问题

从教育主体与教育客体的关系来看，笔者认为随着经济社会的发展，教育改革从未止步，人才培养的标准同样始终在重构，这就决定了素质教育具有开放性的特点。而且“双主体教学观”越来越为广大教育者所认同，其核心思想是“尊重”、“参与”和“发展”，这也是联结教育理论与实践的关键。大学生作为高校实施素质教育的对象，在教育管理过程中应享有知情权、选择权等相关的权利。但实际上，在高校的实际教育教学中，填鸭式的“硬塞”、强迫性要求学生参与各类活动、“有素质教育之形，而无素质教育之实”等现象依然大量存在，教师作为教的主体，而忽略了学生作为学的主体，且不论是否能够实现教学相长，更无法触及意义建构。从教育主体内部来看，素质教育具有很强的系统性要求，客观上需要整合“教育生态场”内的各种资源，各相关部门通力合作，层层传导各种“势”的要求，激发教育者参与的内生动力。但现实是，高校开展的素质教育活动确实很多，明显的特征是“碎片化”；分管的职能部门也很多，各自为政，协调不畅，管理效能不高，育人缺乏有效协同，合力不明显。上述两方面存在的问题，从根本上来说，还是因为高校没有创建一套制度化的素质教育监督评价体系。

三、建立素质教育报告制度的可行性

大学生素质教育在实施过程中，会受到诸多教育要素的影响，会面临极大的挑战和困难，具有综合性、评价不易量化等特点，而且是一个较为漫长的过程。尽管如此，通过对目前素质教育理论和实践的系统性研究，结合大数据处理技术的发展，笔者认为建立大学生素质教育报告制度，是探索素质教育向纵深发展的一条合理路径。

（一）素质教育报告制度存在的困难分析

第一，素质教育报告制度应具有相当的系统性，高校须从顶层进行规划，设置完全超脱于当前职能机构的新部门，实质性地统筹推进素质教育工作，有效将教学、学工等承担育人工作的主要职能部门工作进行整合，若由原有个别部门“单打独干”，则该项工作难以推进。

第二，对学生评价所选取的素质观测点、评价指标、实现方式的合理性和科学性需要慎重研究，若缺乏说服力，则可能易引起学生及家长对该项制度的质疑。部分非量化的素质观测点的评价记分科学性、准确性难以把握，考核难度大，结果失真度高。设置该类指标，也是要体现考查学生素质全面性，但如何科学评测，方法、手段上确实比较困难，同时还存在学生自评态度、团体会商群体对学生的了解程度均会影响报告的真实性。即便一些可量化指标，占素质评分比例是否科学也需认真考量。

第三，学生素质弱项检测结果的运用是难点：须考虑学生自我认知的心理匹配（在素质检测科学的前提下）；学生根据各指标的意识导向（避免出现分值引导）；针对素质弱项的帮扶或指导措施是否能有效，相应的人力、物力资源是否能跟上，若无法提供相应资源，仅靠学生自我养成，难度大，效果不明显，客观上需要更加专业的人力资源及智力支持，才能保证教育效果。

第四，该项工作的系统性、复杂性及功能性的特点，涉及部门多、信息采集要求高，要求与大学生教育管理各相关部门、群体的共同参与，各项数据需要各相关部门步调一致地配合录入，要明确专人负责，明确相关职责及任务要求，并由专门部门组织协调。

（二）具备较好的素质教育理论研究基础

为了解决素质教育存在的问题，以王济干教授领衔的项目团队通过质化研究和量化研究，特别是运用根据扎根理论的研究范式，建立了大学生核心素质模型的理论雏形，在文献探讨与归纳的基础上总结出 40 多种素质特征。但是，这样的概括显得过于分散和庞杂。为了提升大学生素质教育的有效性和可靠性，又通过开放式问卷和德尔菲法，研究确定了大学生核心素质的 6 个一级指标，即思想政治素质、专业素质、科学文化素质、创新创业素质、能力素质和身心素质。六大素质按照一定的机制形成了交互的、立体多元的关联性，不同素质具有独特的结构、性质和功能。六大核心素质全面反映了人才培养的目标和方向；为人才培养的过程设立轨道，督促过程有无偏颇；为培养环节照镜子，检验手段方法是否有效。根据六大素质的内涵，构建了大学生核心素质全人模型，对六大素质之间的关系和运行机理进行了深入研究，在此基础上，项目团队继续深入研究，进一步确立了大学生核心素质教育重点与养成要点，以及大学生核心素质提升实施路径。①

六大核心素质的提出能够促进我们对现有工作进行归纳梳理，把现行的教育教学工作均纳入六大核心素质相对应的指标，审视存在的问题和不足。也正是有了这样的研究基础，素质教育报告书制度的设想应运而生。正是期望能够在更加具体的层面回答教育应该“培养什么样的人、如何培养人、为谁培养人”这个问题。素质教育报告制度是确立以学生发展为中心的工作理念，侧重于对学生进行较为全面的全人模式发展性评价，并借助于大数据挖掘，改进教育教学中存在的不足，培养学生特质，促进学生全面发展。这项制度可以作为高校牢牢抓住全面提高人才培养能力的核心点，并以此带动其他教育教学工作协同发展。

（三）具备较为成熟的素质教育实践基础

以笔者所在学校为例，在总结多年人才培养经验的基础上，学校不断完善大学生素质教育培养体系，形成了“系统化、精准化、特质化”的行业特

---

① 王济干、汤建、周春燕等：《基于需求导向的大学生核心素质培养研究》，人民出版社 2017 年版，第 224—230 页。

色型高校大学生素质教育培养模式，近4万名学生参与其中，学生综合素质明显提升，得到用人单位，尤其是船舶行业的积极评价。"系统化"是指以学生发展为中心，以思想政治素质教育为先导，促进学生专业、科学文化、创新创业、能力和身心等方面的素质协调发展。"精准化"是指在素质教育过程中，遵循大学生成长规律及发展需求，将六大素质分解为38个素质教育重点和33个学生素质养成要点，与教育教学实践有效对接，分类施教，分层递进，贯穿大学教育全过程，实现六大素质与教育教学实践有效精准对接，使学生具备的素质能够适应和满足社会及行业需求。"特质化"包含两层含义：一是重引领，以大学文化为主线，突出以思想政治素质引领大学生综合素质的提升；二是育特质，培养学生具备适应行业发展需求的特殊品质，既是对学校及行业发展的认同，找到一条结合个人与社会、个人与行业共同发展的路径，又体现对岗位的态度，在实践中磨炼，咬定目标不放松。这些实践经验的取得，都为素质教育报告制度的建构提供了非常有益的借鉴和参考。

（四）大数据的发展扫除了技术层面的障碍

近年来兴起的大数据技术迅猛发展，从概念到理论基础再到技术体系和实际应用，已经在多个行业领域中形成了成熟的解决方案，成为业内的主流技术体系。作为一项极具创新性的工作制度，学生素质发展信息的搜集与整理是极其重要的基础性工作，大量与学生素质发展相关的数据需要新技术的支持才能获得。建设一个学生素质发展状态管理系统，在采集与捕获、组织与管理、分析与挖掘、决策与服务等方面，呈现出期望的数据分析结果，借助于大数据技术将能够扫除这方面的障碍，为素质教育报告制度提供可靠的技术条件。

本章小结

本章在梳理目前高校大学生素质教育管理与制度的基础上，认为处于新时代的高等教育必须紧紧围绕"培养什么样的人、如何培养人、为谁培养人"这个问题，使教育教学更加符合教育规律、更加符合人才成长规律。十九大报告提出的“发展素质教育”对素质教育管理提出了更高的要求，有必要通过制度创新与制度建设，对素质教育进行科学化管理。高校应当建立一个新的制度平台，创建一套制度化的素质教育监督评价体系，解决素质教育过程中存在的“碎片化”和绩效难以评估的问题。

第二章

大学生核心素质报告书制度设计

制度是一套规范和约束，告诉你“要怎么做”和“不能怎么做”。制度的生命力在于执行，关键在于执行者能够知道和认同“为什么要这样做”，不去诚心地、认真地执行制度，制度的绩效就会大大地打折扣。

素质教育要向前推进，首先应当在制度层面进行创新，素质教育报告制度是新时代发展素质教育的理性要求。结合高校内涵式发展，本章在前文研究的基础上，提出了大学生核心素质报告书制度。这项制度的总体设想是确立以学生发展为中心的工作理念，侧重于对学生进行较为全面的全人模式发展性评价，目前已具备较好的素质教育理论研究和实践基础，无论是其必要性还是可行性方面，都是一种值得深入的有益探索。

第一节　大学生核心素质报告书制度的总体思考及设计过程

学生核心素质报告书制度在高校中尚无经验可借鉴，笔者认为这一制度应当聚焦大学生素质全人模型运行机理，遵循“把方向、补短板”的育人路径，理顺高校实施素质教育过程中的教育重点和养成要点，系统规划人才培养的目标、内容、路径，既要符合教育教学活动的规范性，又要提升教育活动的目的性。

一、大学生核心素质报告书制度的思想

（一）以学生为本的理念

清华大学钱颖一教授曾提出，如何培养真正的“人”是中国教育的首要问题，培养真正的“人”是为了实现人的现代化——价值层面的现代化，应从“人文”“人格”“人生”三个方面，开展人文精神教育、人格养成教育和人生发展教育。[①] 对于教育者来说，教育的核心理念是“以学生为本”，以学生为中心是教育的本质特征。从教育规律来看，教育应当符合人的需求，从学生的需求出发是提高教育质量的客观要求；从发展思想来看，教育既要强调一致性，又要有个性化、判别化，才能促进人的全方位发展。大学生核心素质报告书制度通过追踪和发掘学生大学四年成长过程中存在的问题，通过有效的帮扶，着力修补学生发展过程中存在的重大缺陷，促进学生养成良好的习惯，实现综合素质协调发展。

（二）坚持问题导向

问题就是实际，就是方向。坚持问题导向，解决突出问题，就是大学生核心素质报告书制度需要坚持的最重要的思想方法和工作方法。在充分认识教育教学存在问题的基础上，大学生核心素质报告书制度的功能应立足于四个方面：一是为高校提升人才培养质量提供抓手，二是为实现高等教育的根本宗旨提供保障，三是为高校综合改革提供决策参考，四是为社会各界参与人才培养搭建新平台。为此着力解决下列问题：让学生认识自己，发现自身素质发展弱项，做好学涯规划和职业生涯规划；让教育教学管理部门和教师发现教育教学中存在的问题、短板，制订改进计划；让社会、家庭共同参与人才培养；通过数据分析、综合研判，在现有条件下，厘清我们还可以提前做哪些工作，能够对提升人才培养质量产生积极的影响。

（三）建构多元协同育人机制

进入21世纪以来，我国教育事业蓬勃发展，但受体制、机制等多种因素

---

① 钱颖一:《如何培养真正的“人”是中国教育首要问题》,《文汇报》2014年9月15日第10版。

影响，人才培养供给侧和产业需求侧在结构、质量、水平上还不能完全适应，“两张皮”问题仍然存在。深化产教融合，促进教育链、人才链与产业链、创新链有机衔接，是当前推进人力资源供给侧结构性改革的迫切要求。因此，高校要将产业发展要求落实到教育教学关键环节，促进教育链与产业链有机衔接，突破学校教学的局限，将企业、科研机构一并纳入教育教学生态系统，将他们从“局外人”变成“参与者”，参加人才培养全过程，从根本上解决人才培养与行业需求严重脱节的问题。西交利物浦大学执行校长席西民教授认为，人类生存空间面临四重影响：不确定性、模糊性、复杂性和快变性。未来的人应对这样的挑战，最重要的就是跨文化领导力，至少包括四点：首先是跨文化的理解力，然后是复杂脑袋，另外还有整体思维和变革管理。①为推动工程教育改革创新，2017 年 2 月 18 日，教育部在复旦大学召开了高等工程教育发展战略研讨会，高教司张大良司长认为，新兴工科就是科学、人文、工程相互交叉，就是复合型、综合性人才的培养。②与这一思想不谋而合，基于新时代对人才的新要求，必须建构多元协同的育人机制。推进多元协同，需要学校、学生、学生家长、用人单位都能够在大学生核心素质报告书这一制度平台中实现育人目标。学生以自我评价和相互评价为主、管理者多元审视、社会和学生家长参与、面向需要和岗位胜任与时代发展。同时，充分整合教育、服务、管理各育人平台的职能，反映其绩效，体现学生培养过程中的教书育人、管理育人和服务育人。

（四）突出思想和文化引领

在加强和改进大学生思想政治教育的新实践中，坚持以培育和践行社会主义核心价值观为核心，更加突出优秀思想文化的引领作用，增强做好各项工作的价值引导力、文化凝聚力、精神推动力。抓学校特色、学生特长，抓引领性、发展性培养，根据素质教育的教育重点和养成要点，输出具有某种文化特质的人才，实现理论和实践的双完善和双促进。正如华中科技大学教育科学研

① 席西民：《面向新时代　大学教育是“破产”还是“重塑”》，《光明日报》2015 年 6 月 16 日第 13 版。

② 胡波、冯辉、韩伟力等：《加快新工科建设，推进工程教育改革创新——“综合性高校工程教育发展战略研讨会”综述》，《复旦教育论坛》2017 年第 2 期。

究院院长刘献君所提出的，我们要以文化自觉的精神，站在文化的高度，遵循文化的特点和规律，运用文化的方式，提高文化育人的有效性。①

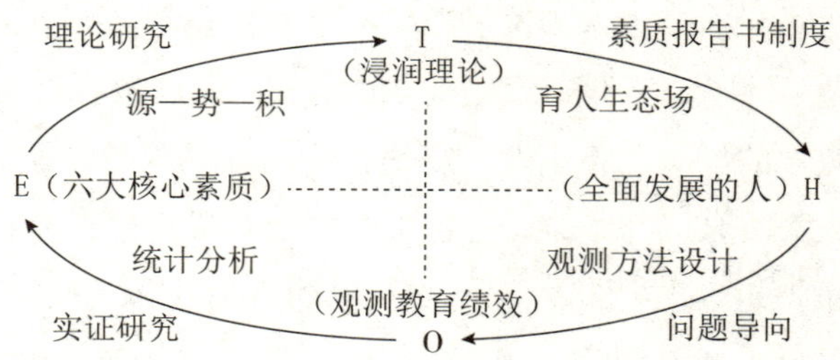

备注：T-theory E-experience O-observe H-hypothesis

图 2—1　大学生核心素质报告书制度设计思想逻辑图

二、多层面意见和建议征集

北京师范大学褚宏启教授认为，学校管理要为素质教育服务，可在观念层面、方法方式层面、制度层面下功夫；在制度建设上，与时俱进的评价制度和民主健全的师生参与管理制度尤为重要。因此，我们也在教师、辅导员、教育管理人员、学生等层面进行了广泛的意见和建议征集。

（一）教师、教育管理者对大学生核心素质报告书制度的意见和建议

就目前来看，国内高校尚未有实行大学生核心素质报告书制度的先例，没有经验可循。为了让大学生核心素质报告书制度更具有科学性、可操作性，笔者以所在学校的推进实施过程作为研究对象。在制度的推进过程中，研究人员广泛征集教师、教育管理者的意见和建议，汇总如下：

1. 设计理念

教育管理者要达成共识，将这项制度作为人才培养制度的重大改革。对学生的评价从模糊、主观到更客观，实行从个体评价到群体培养路径优化，注重强化学生自我认知意识，激发改善行为与心理状态的主观能动性。

2. 评价体系

评价指标需细致研讨，既涵盖六大核心素质，又不宜过细，应注重可测

① 刘献君：《我国高等教育发展的主导思想及面临的主要矛盾》，《高等教育研究》2017 年第 1 期。

量、可操作性，将评价指标体系的研究和信息平台的建设有效结合。从定性、定量两个维度，从多个观测点进行取样，保证样本“取值”的及时性、准确性和全面性。

3. 工作机制和流程

在学生素质信息采集过程中，如何开展素质监测、评价及校核，避免评价结果失真，评价结果如何动态反馈，如何作用于人才培养过程，教师和学生之间如何互动等，这些问题都需要形成一定的工作机制和工作流程来实现，需要以制度形式作出相应规定。

4. 平台建设

建立全面的、能够综合反映学生真实的素质发展状况的信息集成系统是做好报告书制度的关键。基于招生、教务、学工、图书、财务、网络、消费、宿舍、考勤等海量数据，建立大学生核心素质数据分析与决策系统。按照六大核心素质的内容对目标数据进行筛选、拆分、组合、挖掘，通过文本、图表、消息等方式提供动态、直观、灵活的数据服务，全方位展示大学生的核心素质档案，构建大学生核心素质数据分析与决策系统；通过对数据的分析和挖掘，达到将数据转化为服务、将数据转化为知识的目标，实现对学生更多的关怀和更精准的培养。

5. 结果运用

最终呈现的报告书蓝本应根据不同的用户进行有差别的信息发布和查询，如对学生本人、家长、教师、辅导员、各部门、用人单位等发布不同信息。综合性的报告不同于单纯数字的成绩报告单，要注重考虑学生个性特点及有关信息披露带来的各方面问题。根据评价结果可发现在某方面比较突出的人才，对具有天赋异禀的学生应重点培养，如对具有政治家、科学家、企业家等不同发展潜质的学生等，应配备相应的指导教师，并制订个性化的培养方案。

（二）学生对大学生核心素质报告书制度的意见和建议

1. 核心素质培养方式

实施分层教育，要有贯穿性、基础性的核心素质教育，也要根据不同的阶段，有侧重地安排教育重点。学生认为，核心素质的培养是现代大学生自我完善、自我提高、自我发展的基础。核心素质教育要贯穿大学四年生活，但应在不同年级有不同的重点。有的认为一年级要注重专业认知，让刚入学的新生了解专业，认可自己的专业；二年级要注重学习能力的培养，能够掌握有效的学习方法，学会学习；三年级要加强创新创业教育，通过开展一系列有意义和价值的实践活动，强化创新创业意识；四年级要加强专业教育与企业的对接，使学生能够将所学的知识在实践中得到检验，提升岗位胜任力。

2. 核心素质评价方式

评价方式应当简单、有效，学生易接受。有的学生认为应立足于自我评价，因为正确地评价自我本身就是自身素质的体现。在自我评价的基础上，还可以引入团体会商，对自我评价的结果进行修正。有的关心评价标准的一致性，评价结果应当是公正客观的，能够帮助学生找出存在的不足、潜在的发展优势，等等；有的还提及如何保证个人信息的安全，特别是要保护隐私性的信息，以防受到伤害。

3. 其他方面

在对报告书制度的理解方面，有的学生提出了自己的疑虑。比如，如何让学生更乐意亮出自我、展示自我？如何在这样的制度环境下比其他高校的毕业生体现出更强的就业竞争力？面对记录学生素质发展状况的海量信息，如何设计出一套高效的信息管理系统？这些都为核心素质报告书制度的建构提供了很好的参考。

三、对建构大学生核心素质报告书制度的思考：“六步”工作法

大学生核心素质报告书制度是一个系统化的制度体系，其内容应包括一系列相关制度，如学生素质发展信息采集、学生素质测量与评价、学生素质状况分析研判、“自评—会商—反馈—改进—跟踪”等方面。实质上，该制度起到的是一个具有开放性的平台作用：能够汇聚素质教育中的各个要素，协同教育者与受教育者，优化教育的全过程；通过平台实现教育主体与客体以及教育主体之间的关联与协同，进而提升高校的整体办学水平，达到提高人才培养质量的目的。

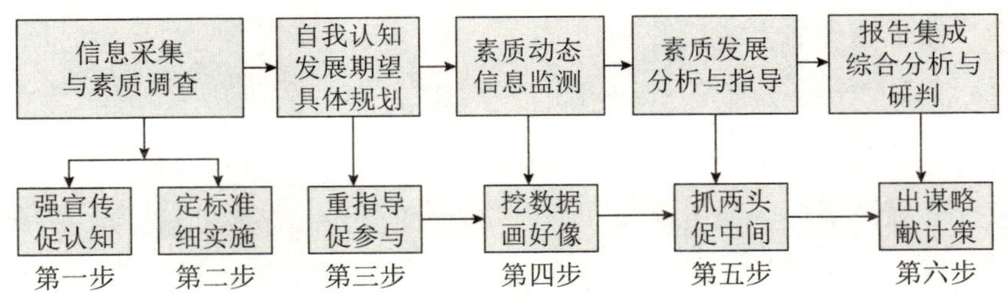

图 2—2　大学生核心素质报告书制度运行流程

（一）第一步：强宣传，促认知

学生处、教务处、团委负责组织实施“大学生核心素质报告书制度”宣讲和教育，使学生充分认识到核心素质对个人发展的意义和价值。学校领导、教师、辅导员、管理人员、后勤服务员工，都要加强对制度精神的学习和理解，并向学生进行详细的解读，特别是要加强宣传大学生核心素质报告书制度的内容、功能、作用等要旨，制定《素质教育养成要点宣传手册》，做到学生人手一册，切实促进学生对制度的认知和了解。

（二）第二步：定标准，细实施

对学生素质发展状况能够量化的指标可以量化评价，无法量化的则可以构建“关键事件”库，通过案例的形式集纳大量鲜活的素材，为素质发展指数评估提供借鉴和参考。结合学院学科和专业特点，列出素质发展“菜单”，精细化实施：让学生有更多选项，特别抓好有“价值性、导向性”意义的项目（如培养学生的吃苦精神、诚信品质等）。注重整合，对校内各职能部门管理实施的，以及各学院开展的素质教育工作进行整理、捋顺，明晰关系，分类归口；处理好“前台”和“后台”的关系，对各类有利于学生素质发展的项目、活动要有设计，能够按照六大核心素质进行归因和归类。

（三）第三步：重指导，促参与

努力建构一个能让学生自由成长的环境，营造学生能讲真心话的氛围，指导学生积极有效地进行互评，充分发挥学生的主体性作用和主观能动性，让学生充分介入素质教育工作中，根据核心素质内涵全面开展自我评价和剖析，在实践中学习、反思、接受、内化。积极引导学生参与优秀学生标准的讨论，让每个人都能尽情地展示，彰显其外显或潜在的优势。用学生能认同的标准描述素质全面发展的人，从而在“有引导、有限定性、能容错容短”的教育实践中让学生接受指导或自我教育。

（四）第四步：挖数据，画好像

建立、完善学生素质状况基本信息数据库，主要包括：家庭成员、父母职业、家庭经济情况、高考成绩、个人爱好与特长、身心健康状况、学业成绩（第一课堂）、参加校园文化活动情况（第二课堂成绩单）、图书借阅情况、诚信档案记录情况、担任学生干部情况及参与社会工作情况、志愿服务情况等。各相关职能部门须明确专人负责基础数据的收集、整理、导入。大学生核心素质信息平台是信息集成的服务平台，可为各层级用户提供以下数据集成服务：学生基本信息、各种目标需求、数据分析、为决策提供意见和建议。此外，还可以通过数据挖掘实现延伸应用及服务，比如，智慧资助服务、学业预警分析、心理预警分析、行为数据分析、数据挖掘模型、学生综合画像。

（五）第五步：抓两头，促中间

所谓“抓两头”，就是重点对综合表现优秀的前 10% 及暂时落后的后 10% 学生群体予以关注，减轻冗余工作量。“促中间”，就是激发中等学生力争上游。在素质教育过程中，尤其要注重帮助学生改正严重的缺点，因材施教，形成 1—2 个突出的优点。辅导员、学业导师与任课教师沟通，审视学生个体存在的不足。辅导员、学业导师、班级学生评议小组共同进行会商、诊断，将发现的问题向学生进行反馈，提出意见，共同制定具体的素质发展规划。

（六）第六步：出谋略，献计策

发挥大学生核心素质报告书的功能和作用，至少在四个层面要形成汇总报告，对各项数据进行综合分析和研判，定期完成《大学生核心素质发展报告书》。第一层面：辅导员、学业导师；第二层面：各学院；第三层面：相关职能部门；第四层面：学校。各层面形成的汇总报告在技术上应遵循“便于集成”的原则，应有相对固定的模式和结构，形成规范化的分析，至少应包含下列内容：学生基本情况汇总；学生各方面素质发展情况分析，对学生素质发展状况评价要有工作绩效分析，特殊事例、典型案例分析；学生素质发展存在的问题，以及存在问题的原因分析和对策建议。最终，学校层面形成的汇总报告，能够为学校事业发展的各项改革决策提供切实的依据。

第二节　报告书制度的设计原则

大学生核心素质报告书贯穿于大学生培养的全过程，甚至在其毕业后也将产生深远影响。因此，报告书在设计时不仅要尊重教育教学规律，而且要重视人才成长规律。也就是说，它应该有遵循的法则或标准，亦即设计原则。

一、全局性原则

“全局”是指“整个的局面”，《现代汉语词典》认为全局观念、胸怀全局[①]等，均是此意。如果说《现代汉语词典》对“全局”一词主要是从汉语语义来进行解释的话，那么《辞海》则更多地从哲学视角对其进行释义。《辞海》对“全局”的解释是：在哲学上与“局部”相对。全局指事物的整体及其发展全过程。局部指组成事物整体的各个部分、方面及其发展的各个阶段。二者是对立的统一。全局由它的一切局部组成，但高于局部、统率局部，对局部的发展变化起着主要的决定作用。局部是全局的一部分，对全局有一定的影响，在一定的条件下，当某个局部成为影响全局的主要一环时，它对全局就起着决定的作用。全局和局部的区分是相对的，在一定场合为全局的东西，在另一场合就成了局部的东西，反之亦然。正确处理全局与局部的关系，应遵循小道理服从大道理的原则。[②]

“全局性”比“全局”多了一个后缀，变成加缀式合成词。这一后缀表示物质所具有的性能或物质因含有某种成分而产生的性质，“全局性”可理解为事物具有“全局”的性质或者性能。笔者认为，不宜对“全局性原则”和“全局原则”作严格区分（下文的其他原则也是如此），而从哲学视角对其进行阐释（事实上，大学生核心素质报告书就是一个育人理念的哲学载体），则更有

---

① 中国社会科学院语言研究所词典编辑室：《现代汉语词典》（第 7 版），商务印书馆 2016 年版，第 1083 页。

② 辞海编辑委员会：《辞海》（第六版彩图本），上海辞书出版社 2009 年版，第 1859 页。

利于我们把握和理解相关原则的内容。

（一）“全局性”的哲学思想对教育的启示

事实上，《辞海》的上述解释仅蕴含了哲学上全局与局部之间对立统一关系的部分内容，“全局性”所蕴含或引申的哲学思想主要体现为以下方面：①

（1）由于全局的功能以部分组成整体的结构为基础，当结构处于无序、不合理的状况下，整体功能便小于各局部之总和；当结构处于有序、合理的状况时，整体功能就大于各局部之总和。所以，我们必须认真研究局部组成整体时的结构如何合理、最优化的问题，以便提高整体的功能。

（2）凡是涉及全局性的重大问题，都需要从战略上进行思考、研究和筹谋。必须树立全局观念，加强战略思维。

（3）在强调识大体、顾全局的前提下，必须充分重视局部对全局的作用。

（二）报告书制度设计的“全局性原则”之思考

（1）“全局性”体现了事物战略层面的状态、发展和方向，因此“全局性原则”也可称为“战略性原则”。正因为具有“战略高度”，所以“全局性原则”成为大学生核心素质报告书制度设计首先需要遵循的原则。

（2）大学生核心素质报告书制度的设计要深入贯彻落实全国高校思想政治工作会议等会议精神及《国家中长期教育改革和发展规划纲要（2010—2020年）》《关于加强和改进新形势下高校思想政治工作的意见》《关于全面提高高等教育质量的若干意见》等文件精神，把促进学生核心素质的全面提升作为学校工作的重中之重。

（3）考虑到报告书目前并没有全国通用的模板，因此其设计应结合各高校实际，在要素、内容、架构、测评等各个环节由校领导从全局高度给予指导，以便其总揽全局，统筹规划，并抓住牵动全局的主要工作和突出问题，明确牵头单位（部门）着力推进，重点突破。报告书的设计、实施与进一步完善，应充分调动和发挥学校各部门（局部）的主动性、积极性和创造性，协调好全局和局部的关系；要整体协调学生本人、家长、学校、教师、用人单

---

① 参考上海市高校《马克思主义哲学基本原理》编写组：《马克思主义哲学基本原理》（第10版），上海人民出版社2008年版，第78—79页；习近平：《在中央党校2012年秋季学期开学典礼上的讲话》，《党建》2012年第10期。

位、社会等对报告书的需求，树立整体性素质教育观，将报告书作为一个系统工程来建设。

（4）报告书的设计在遵循“全局性原则”时需要文化引领（如社会主义核心价值观），具体到每个高校则主要体现为其赖以生存和可持续发展的精神支柱——大学文化，其中大学精神构成了大学文化的核心和灵魂。

二、及时性原则

中外名人有不少关于“及时”的名言警句。我国北宋时期政治家、文学家、史学家、诗人欧阳修《伏日赠徐焦二生》诗：“少壮及时宜努力，老大无堪还可憎。”[①] 美国前总统、1906 年诺贝尔和平奖得主西奥多·罗斯福曾说：“明智的百分之九十在于明智得及时。”[②] 法国社会评论家及文学评论家迪·巴尔特也曾强调：“事情办得出色，也即事情办得及时。”可见，“及时”就是立刻、马上，[③] 抓紧时间和时机。[④] 只有及时把握机会，才能满足相关需要。

（一）“及时性”的哲学思想对教育的启示

“及时性”所蕴含或引申的哲学思想主要体现在以下方面：[⑤]

（1）物质的存在及其运动都具有一定的空间和时间。时间是物质运动过程的持续性、顺序性，是物质运动过程的顺序更替和前后联系的表现。

（2）时间是一维的。它总是朝着由过去、现在到将来的一个方向流逝。时间的这种一去不复返性，即不可逆性，是由事物发展过程绝对不会重复的性质决定的。

（3）时间的客观性，是指时间不依赖于人们的意识而客观存在着。时间

---

① ［宋］欧阳修著，施培毅选注：《欧阳修诗选》，安徽人民出版社 1982 年版，第 124 页。

② 陈德彰编译：《英汉对照　外国名人名言》，知识出版社 1987 年版，第 105 页。

③ 中国社会科学院语言研究所词典编辑室：《现代汉语词典》（第 7 版），商务印书馆 2016 年版，第 607 页。

④ 辞海编辑委员会：《辞海》（第六版彩图本），上海辞书出版社 2009 年版，第 1014 页。

⑤ 参考上海市高校《马克思主义哲学基本原理》编写组：《马克思主义哲学基本原理》（第 10 版），上海人民出版社 2008 年版，第 34—35 页；魏晓卓、吴君民、盛永祥：《关于“会计信息质量特征”的思考》，《财会通讯》2010 年第 12 期。

的客观性要求我们做任何工作都不能不考虑时间问题。

（4）及时的核心在于把握“时”，“时”总是与具体的实践相联系。中国历史上首部完整的哲学著作《道德经》(亦称《老子》）中的一句“动善时”，含义即为“行动要善于掌握时机”。

（二）报告书制度设计的“及时性原则”之思考

（1）“及时性原则”是大学生核心素质报告书制度设计时刻需要把握的原则。事实上，报告书一般是由阶段报告构成的，因此，其在时效性方面与上市公司的财务会计报告（又称“财务报告”）的要求是类似的：因为即使是可靠、相关的会计信息，如果不及时提供，就失去了时效性，对于会计信息使用者的效用就会大大降低甚至不再具有实际意义。① 大学生核心素质报告书也应如此，因为教育也具有及时性和时效性。

（2）以六大核心素质（思想政治素质、专业素质、科学文化素质、创新创业素质、能力素质、身心素质）中的思想政治素质教育为例：如果在报告书中不能及时反映、发现和预警学生的不良思想倾向和问题苗头，教育者不能及时介入，而是任其发展，那么上述问题就会由小变大，由简单变复杂，解决起来也越发困难。并且，各种不良思想倾向和问题苗头一旦真正转变成实际行为，不仅对学生素质提升和成长成才造成不同程度的伤害，而且对学校和教育者来说也是一种失职。

（3）以身心素质中的心理素质为例：新生初检报告书中理应及时反映出特殊家庭的学生（如单亲家庭、离异家庭、再婚家庭、贫困家庭、父母一方或双方有残疾的家庭、丧亲家庭等，无须设置表格由学生本人填写，可由辅导员等及时并适时找他们谈心，再将了解的相关信息输入测评管理系统）、自我评价情绪状况差的学生等情况，教育者要及时纠正学生的心理偏差和性格缺陷，抚慰其受伤的心灵，让心灵重见阳光，使之在大学这一新的成长环境中从自我认知走向自我认同，而不是听之任之，导致其可能陷入厌学症、孤独症、自闭症等黑暗境况，甚至可能做出危害他人和社会的行为。

---

① 中国注册会计师协会：《2017 年度注册会计师全国统一考试辅导教材——会计》，中国财政经济出版社 2017 年版，第 10—11 页。

（4）事实上，思想政治素质教育不及时，其导向作用就难以发挥，引领其他素质系统发展就十分困难；专业素质教育不及时，学生立业根本就不扎实，支撑性作用就不稳定，既不能为其他素质的发展提供有力的后盾，也不能成为其他素质发展的最终聚合点；科学文化素质教育和创新创业素质教育不及时，其助推性和发展性作用就不明显，就不能很好地促进其他素质的有机融合、共同发展；而能力素质教育与身心素质教育不及时，就不易起到基础性、保障性作用，一切素质形成和发展的基础就不牢靠。

三、满意原则

作为一种态度或情感，“满意”主要指满足愿望、符合心意，① 合意、快意 ② 等。它原本属于心理学的研究范畴。1965 年美国学者 Cardozo③ 首次将满意的概念引入市场营销领域后，理论界对此展开了大量研究并取得了一系列成果，顾客满意问题也得到全球企业界的广泛关注。

1978 年诺贝尔经济学奖获得者西蒙认为：经济学家不合理地赋予“经济人”无所不知的理性；“经济人”具有巨大的智力和美学魅力，但是与现实中人的真实或可能行为之间几乎没有多大关系；尽管“经济人”追求“最优”，也就是从所有备选方案中选择最好的那种，但“管理人”却追求“满意”，也就是寻找一种令人满意或“足够好即可”的行动方案；“管理者”追求“满意”而不是“最优”。④ 我国学者詹正茂总结指出：现实生活中个人和组织的决策需要一定程度的主观判断，这都是在“有限理性”的条件下进行的；理想情境中的“完全理性”导致人们寻求决策的“最优解”，现实生活中的“有限理性”导致人们寻求“满意解”。⑤

---

① 中国社会科学院语言研究所词典编辑室：《现代汉语词典》（第 7 版），商务印书馆 2016 年版，第 875 页。

② 辞海编辑委员会：《辞海》（第六版彩图本），上海辞书出版社 2009 年版，第 1524 页。

③ Cardozo，R.N.，“An Experimental Study of Customer Effort，Expectation，and Satisfaction”，*Journal of Marketing Research*，1965，Vol.3.

④ ［美］西蒙（Simon，H.A.）著，詹正茂译：《管理行为》（珍藏版），机械工业出版社 2016 年版，第 83—112 页。

⑤ 同上书，译者后记。

（一）"满意"的哲学思想对教育的启示

"满意"所蕴含或引申的哲学思想主要体现在以下方面：①

（1）人的认识同认识对象的内容往往难以完全吻合。

（2）从认识论的角度看，主体的身体素质和精神素质都制约着认识的发生、发展。正如恩格斯所说："事实上，世界体系的每一个思想映象，总是在客观上被历史状况所限制，在主观上被得出该思想映象的人的肉体状况和精神状况所限制。"②

（3）人的认识总要受到主客观条件的种种限制。其一，受到客观事物发展程度的限制。其二，受到生产发展水平和科学技术条件的限制。其三，人们的立场、观点、方法、性格特征等主体方面的因素，也影响和限制着人们正确全面地认识事物。

（4）非理性因素的存在、身体的存在、他者的存在、自然的存在等，均构成了理性的边界。

（5）社会发展的必然趋势通常是以客观规律作用的多种可能性展现在人们面前。作为社会历史主体的人正是首先通过对多种可能性进行比较、选择、取舍来显示自身的能动作用，确立自身的主体地位。

（二）报告书制度设计的"满意原则"之思考

（1）我们要遵循教育教学、人才成长等规律，竭力设计好大学生核心素质报告书，但应该承认报告书终归是"有限理性"的产物。

（2）教育不是注满一桶水，而是点燃一把火。教育的本质和核心就是发掘每个人的潜质，培养每个人自由全面发展的能力，真正使每个学生都能获得最适合自己的教育。③

（3）学校培养的是"满意"的学生而不是"最优"的学生。人无完人，

---

① 参考上海市高校《马克思主义哲学基本原理》编写组：《马克思主义哲学基本原理》（第10版），上海人民出版社2008年版，第127—258页；王现伟：《从绝对理性到有限理性——当代环境危机的哲学反思》，吉林大学博士学位论文，2013年。

② 《马克思恩格斯全集》第20卷，人民出版社1991年版，第40页。

③ 谢和平：《教育不是注满一桶水，而是点燃一把火》，载黄达人等：《大学的声音》，商务印书馆2012年版，第238页。

学生也总有缺点。没有十全十美的学生，但我们的学生都是好学生，我们通过报告书培养的是使学生本人“满意的自己”，以及家长、学校、教师、用人单位、社会等“满意的学生”。

（4）教育不一定像做工业那样要遵循“木桶原理”，只要学生有他擅长的一个方面，他就不仅能安身立命，而且一定能很好地为社会服务。大学应该有更多的模块供学生选择，学生可以选择能发扬其长处的模块，找到适合自己的毕业通道。[①]只有拥有多条成才的路径，才能成就“满意的自己”和“满意的学生”。

（5）学校应该作为学生可以自由表达思想和真实生活的场所，应当成为允许学生犯错、容忍学生错误并使学生在犯错改错中成长的港湾。要通过报告书让犯错成为教育者教育学生的契机，引导学生直面错误，培养学生反思错误，让错误成为其成长历程的有益元素。

（6）考虑到信息化的因素，报告书的使用者面对的有可能不是信息匮乏而是信息过剩（但一些所谓的过剩信息，对于其他报告书使用者来说可能是关键信息）。此时，深刻地认识到人的“有限理性”所搜寻的“满意”信息，能够更好地解决问题。

四、阶段推进原则

一般认为，汉语语义下的“阶段推进”是指在事物发展进程[②]的每个分段，依照顺序推动工作[③]向前发展，并使其达到一定的高度。在实践中，正面的事例有：我国党和政府善于根据人民的意愿和事业发展的需要，在不同的历史时期和发展阶段，提出具有科学性、导向性和感召力的奋斗目标。比如，改革开放以来，从“三步走”发展战略到中国梦宏伟蓝图，有力地引领中国人民推进社会主义现代化建设，创造了并将继续创造中国经济发展奇迹。[④]然而，

---

① 黄达人：《回归大学的根本（代前言）》，载黄达人等：《大学的根本》，商务印书馆 2015 年版，第 5 页。

② 中国社会科学院语言研究所词典编辑室：《现代汉语词典》（第 7 版），商务印书馆 2016 年版，第 660 页。

③ 同上书，第 1330 页。

④ 张占斌：《从“三步走”到中国梦》，《人民日报》2015 年 3 月 22 日第 05 版。

在教育界却存在"阶段推进"的一些反面事例。比如，几乎每一位大学校长在面对媒体时，都会被反复问到一个问题——"钱学森之问"。厦门大学原校长朱崇实在接受中山大学原校长黄达人访谈时指出：因为整个社会环境过于急功近利，这种状态直接导致了高校的急功近利。"急功近利的大学培养不出创新型人才。"①

（一）"阶段推进"的哲学思想对教育的启示

"阶段推进"所蕴含或引申的哲学思想主要体现为以下方面：

（1）空间、时间的客观性，要求我们做任何工作都不能不考虑空间、时间问题，一切依时间、地点、条件为转移。

（2）过程发展的不同阶段，事物发展的内容和形式有所不同，因而互相区别，但事物发展的不同阶段之间又有许多相同处而互相衔接，从而使事物的发展连续不断地进行。

（3）任何事物的变化都有一个量变的积累过程，只有量的积累达到一定程度，为质变作好准备，质变才会发生。没有量变的积累，质变就不会发生。

（4）事物由量变—质变—新的量变相互交替不断发展的过程，是一个连续性与间断性相统一的过程。②

（二）报告书制度设计的"阶段推进原则"之思考

（1）大学生核心素质报告书不管采用什么名称（如初检报告、再认识报告、再提升报告、综合性报告，或启航报告、扬帆报告、济海报告、致远报告等），一般均是按照大学生在校学习的不同阶段（即年级，四个年级代表了四年）进行编制、评价与报送的。根据核心素质报告书使用者的需求，我们可以借鉴财务会计报告的编报要求，采取中期报告③等形式。中期财务会计报告（又称"中期财务报告"），是指以中期为基础编制的财务会计报告。"中期"

---

① 朱崇实：《急功近利培养不出创新人才》，载黄达人等：《大学的声音》，商务印书馆 2012 年版，第 340 页。

② 上海市高校《马克思主义哲学基本原理》编写组：《马克思主义哲学基本原理》（第 10 版），上海人民出版社 2008 年版，第 35—112 页。

③ 中国注册会计师协会：《2017 年度注册会计师全国统一考试辅导教材——会计》，中国财政经济出版社 2017 年版，第 418 页。

是指短于一个完整的会计年度（自公历1月1日起至12月31日止）的报告期间，它可以是一个月、一个季度或者半年，也可以是其他短于一个会计年度的期间，如1月1日至9月30日的期间等。中期财务会计报告包括月度财务会计报告、季度财务会计报告、半年度财务会计报告，也包括年初至本中期末的财务会计报告。由此可以推论，大学生核心素质报告书根据需要除了学年报告外，也可以提供诸如学期报告（亦即半学年报告）、半学期报告、月度报告等，并且在条件成熟的监测模块可提供实时报告。

（2）学生素质的提升具有连续性、渐进性的特点，因此，在其成长的不同环节应树立不同的上升性目标和侧重点。比如，在大一年级时，特别要注重加强学生的专业认知教育，激发其浓厚的专业兴趣，帮助其树立正确的专业价值观，使其通过专业素质的历练与提升来增强社会责任感和使命感。

（3）人才培养必须聚焦核心素质的培养，[①] 而核心素质的理论研究与实践探索也需遵循“阶段推进原则”。

《大学生核心素质模型构建及提升路径研究》（王济干、蒲晓东等著，人民出版社2015年版）是我们根据素质教育的相关理论研究和多年的学校教育管理实践，将课内与课外、教育与教学进行统筹，针对大学生素质教育过程中存在的突出问题，提出了大学生核心素质模型的理论框架以及构建大学生核心素质模型的方法和提升路径，旨在增强大学生素质教育的针对性和实效性。六大核心素质（思想政治素质、专业素质、科学文化素质、创新创业素质、能力素质和身心素质）成为核心素质模型的构成要素，[②] 并根据它们之间的相互关系，初步构建了大学生核心素质全人模型。

为了从理论上进一步深化研究全人模型的运行机理，以及在实践上进一步拓展和强化核心素质的提升路径，使研究更具有深度和广度。《基于需求导向的大学生核心素质培养研究》（王济干、汤建、周春燕等著，人民出版社2017年版）结合问卷调查和实地访谈结果，调研大学生核心素质教育现状，

---

① 王济干、汤建、周春燕等:《基于需求导向的大学生核心素质培养研究》，人民出版社2017年版，序第3页。

② 王济干、蒲晓东等:《大学生核心素质模型构建及提升路径研究》，人民出版社2015年版，第56—62页。

提出培养基于需求导向的大学生核心素质，对六大核心素质的整体性、层次性、关联性进行了系统研究，并从学生、家长、用人单位三个方面进行了基于实证的大学生核心素质教育的有效性分析，深入探讨了基于大学生发展需求的核心素质培养模式的构建与创新路径。

然而，正如《基于需求导向的大学生核心素质培养研究》在“未来展望”部分所指出的那样：“影响大学生核心素质提升的因素是多方面的，且存在着复杂性的特点，很多方面还具有较大的研究潜力。”“在今后的研究中，还将进行系统性研究，以期提出更有利于提升大学生核心素质的教学方式和方法。”① 事实上，我们也在不断思考通过哪些手段、采取什么方式、运用何种形式，能够适时掌握学生核心素质的培养状况，协助学生“去发现自己、去探索自己”？如何以评价为抓手，为教育教学、管理部门、家长学子提供科学系统的人才培养阶段性信息，以便指导学校的教育教学工作，并提升人才培养的系统性和精准性？于是，随着我们研究的深化和实践的深入，就有了第三部关于大学生核心素质报告书制度研究的著作。

五、问题导向原则

问题导向既是设计思想，又是设计的重要原则。问题导向就是将问题作为引导的方向，② 亦即把发现问题、剖析问题、解决问题作为出发点和落脚点。毛泽东同志曾说：“什么叫问题？问题就是事物的矛盾。哪里有没有解决的矛盾，哪里就有问题。”③ 不管是在学习、工作和生活中，我们都会遇到各式各样的问题，这些矛盾、疑难、事故或麻烦④ 需要我们重视并加以解决。只有解决了问题，才能推动各项工作不断向前发展。

---

① 王济干、汤建、周春燕等：《基于需求导向的大学生核心素质培养研究》，人民出版社 2017 年版，第 234 页。

② 中国社会科学院语言研究所词典编辑室：《现代汉语词典》（第 7 版），商务印书馆 2016 年版，第 265 页。

③ 《毛泽东选集》（第三卷），人民出版社 1991 年版，第 839 页。

④ 中国社会科学院语言研究所词典编辑室：《现代汉语词典》（第 7 版），商务印书馆 2016 年版，第 1375 页。

（一）“问题导向”的哲学思想对教育的启示

“问题导向”所蕴含或引申的哲学思想主要体现为以下方面：[①]

（1）矛盾存在于一切事物的发展过程中，并且存在于每一事物发展过程的始终。简言之，矛盾无处不在、无时不有。

（2）既然矛盾无处不在、无时不有，这就要求我们在任何时候、任何场合，都要用矛盾的观点观察一切、分析一切；要求我们必须承认矛盾、正视矛盾、揭露矛盾，并采用正确的方法分析矛盾和解决矛盾，以推动事物的发展。

（3）坚持问题导向是马克思主义的鲜明特点。问题是创新的起点，也是创新的动力源。

（4）具体问题具体分析是马克思主义活的灵魂。不同事物的矛盾具有不同的特点，同一事物的矛盾在不同发展阶段也各不相同，任何事物既有共性又有个性，这是具体问题具体分析的哲学基础。

（5）任何事物都有现象和本质两个方面，许多问题并不是一眼能看穿识透的。这就需要见微知著、由表及里，透过现象看本质，撇开枝节抓根本。

（6）事物的主要矛盾决定事物的性质和发展方向，只有抓住了主要矛盾和矛盾的主要方面，才能找到解决各种复杂问题的重点，才能牵住牛鼻子，起到纲举目张的作用。

（7）问题在实践中产生，也要在实践中解决。实践、认识、再实践、再认识，是认识事物的客观规律，是解决问题的根本法则。

（8）认识好、解决好问题，唯一的途径就是增强本领。能力不是固有的，本领也不是天生的，必须切实加强学习。善学者智，善学者强，善学者胜。只有持续学习、不断充电、完善知识结构，才能拓宽视野、提升思维能力，才能敏锐发现问题、有效解决问题。

（二）报告书制度设计的“问题导向原则”之思考

（1）要以学校重点工作中存在的问题为导向。与学校常规工作相比较，

---

① 参考上海市高校《马克思主义哲学基本原理》编写组：《马克思主义哲学基本原理》（第 10 版），上海人民出版社 2008 年版，第 99—100 页；习近平：《在哲学社会科学工作座谈会上的讲话》，《党史文汇》2016 年第 6 期；刘云山：《增强问题意识　坚持问题导向》，《党建》2014 年第 6 期。

重点工作作为富有针对性的战略部署，事关全局、事关大势。当报告书反映出重点工作中存在的问题时，应以重点工作为牵引、以重点工作问题为导向，在全校范围内形成主动思考、主动作为、积极向上的干事氛围，认真研究、群策群力，研究透、解决好重点工作中存在的问题，确保重点工作保质保量完成。

（2）要以学校整体层面存在的问题为导向。对于每位学生来讲，报告书确实能够成为其个人成长成才的重要载体和平台；然而对于学校管理者来说，他们更需要通过报告书这一平台信息，在学校整体层面上发现整个学生群体的核心素质方面存在哪些欠缺、需要在哪些方面"补课"等。也就是说，报告书并不局限于某个学生，还要为学校管理者等的整体决策做好准备与服务。

（3）要以重点人群学生存在的问题为导向。四川大学校长谢和平认为：（我们的教育）既要关注优秀拔尖的学生，也要关注普通平凡的学生，更要关注身处困境甚至逆境中的学生。[①] 的确，报告书在设计时也应如此。然而，考虑到时间、精力、资源分配等因素，采取"抓两头、促中间"的方法可能更为有效。我们应当注重培养天赋异禀、具有发展潜力的特殊人才，但"身处困境甚至逆境中"的这部分重点学生，由于生理、心理、学习、生活、感情等特殊原因，问题更多一些，问题的解决也更为棘手，需要我们更加关心其成长成才。

（4）要以学生个人存在的关键问题为导向。"问题导向"的关键是抓住关键问题。[②] 报告书所反映的某个学生的问题可能有很多，但应抓住其重大性格缺陷或者缺点来进行改正，如以自我为中心、知错不改、缺乏诚信、缺乏吃苦精神、自理能力差、心理承受能力差、过于自卑或自负、沉迷网络或手机等。

（5）要以学生关心关切的问题为导向。报告书体现的是以"学生为本"，秉承一切为学生服务的宗旨。因此，要以学生关心关切的问题为导向，要深入学生，走近学生，调查实际，倾听呼声，尽心尽力解决问题。

---

① 谢和平：《教育不是注满一桶水，而是点燃一把火》，载黄达人等：《大学的声音》，商务印书馆 2012 年版，第 235 页。

② 童世骏：《"问题导向"的关键是抓住关键问题》，《文汇报》2016 年 1 月 28 日第 05 版。

第三节　大学生核心素质报告书的功能

大学生核心素质报告书的功能即报告书所能发挥出的有利作用，主要表现在为全面提升高校人才培养质量提供抓手、为实现高等教育的根本宗旨提供保障、为高校综合改革提供决策参考、为社会各界参与高校人才培养搭建新平台等几个方面。

一、为全面提升高校人才培养质量提供抓手

（一）人才培养方面的问题表述

人才培养质量是高校的生命线，其历来是社会关切的焦点和研究者关注的热点。刘延东指出："许多高校在办学方式和人才培养模式上还存在亟待加强的地方，比如有的用人单位反映，一些毕业生不能尽快适应工作，基本的职业训练不够，动手能力、团队精神、吃苦奉献意志还需锤炼；有的地区和高校缺乏危机感紧迫感，改革动力不足，还没有真正把教育质量摆在生命线的高度，以质量求生存求发展的压力不大；对提高教育质量缺乏战略谋划，投入的资源和精力不足；一些学生知识面狭窄、综合素质和适应性不强。"① 田宝柱等认为："人才培养质量不高仍然是我国高等教育的突出问题，主要表现在人才培养目标特色不足，教学方式相对单一，重视知识的灌输而忽视能力和素质的培养，培养的人才整体结构不合理，无法满足社会对人才的多元化需求。"② 王济干等强调："高校在素质教育方面存在认识上的误区，包括把素质教育仅看成非知识教育，简单地看成"优胜劣汰"，单纯看成非考试教育等；在内容方法上的误区则包括思想道德素质教育的目标与效果反差太大，文化素质教育亟待加强，科学技术素质教育在方法上存在多方面不足，身体素质、心理

---

① 刘延东：《深化高等教育改革走以提高质量为核心的内涵式发展道路》，《求是》2012 年第 10 期。

② 田宝柱、王艳彦、杨奕等：《普通高校提高人才培养质量的基本途径》，《大学教育》2015 年第 7 期。

素质教育尚需强化等。”①

（二）报告书的功能与作用

对大学生开展素质教育是提升人才培养质量的必由之路，②大学生核心素质报告书是大学生素质教育培养的重要载体。通过报告书，能够全面描述与刻画学生总体的行为，其平台作用和集成作用凸显：可以依据学生核心素质评价指标体系和评价方法，利用核心素质监测评价与管理信息平台，精确掌握学生素质能力培养状况，定期对学生核心素质进行评价、分类、汇总、分析、研判，并作为信息源和问题库，为管理部门等提供科学系统的人才培养阶段性信息，而且将分析结果用于人才培养工作的持续改进，克服了以往人才培养质量评价主体单一、评价标准单调、制度建设滞后等缺陷，能够为全面提升人才培养质量提供抓手。

二、为实现高等教育的根本宗旨提供保障

（一）高等教育宗旨实现方面存在的问题表述

高等教育的宗旨作为高等教育的目标、任务、信念、意图、使命等，一直是教育界思考与讨论的重点。梅红等指出：“近年来屡次出现的违反社会道德，甚至更令人不能接受的大学生新闻事件不禁让我们再次深刻反思：当前大学教育的内容与方法，是否促进了人的全面发展、实现了教育的宗旨？”③刘尧认为：我国大学在坚守“求真育人”宗旨的道路上，走过了从计划经济体制向市场经济体制转变、从精英化教育向大众化教育转变、从规模扩张向结构优化转变、从外延发展向内涵发展转变的曲折历程。然而，如何走好内涵发展之路？大学则是迷茫彷徨的。迷茫指大学对内涵是什么迷惑茫然、模糊不清，不知道内涵发展的方向；彷徨指大学在内涵发展的路径抉择上徘徊不定、犹豫不决，不知道该走哪一条内涵发展道路，更不知道如何走好这条内涵发展道

① 王济干、蒲晓东等：《大学生核心素质模型构建及提升路径研究》，人民出版社2015年版，第26—27页。

② 同上书，第3页。

③ 梅红、宋晓平：《论大学教育的基本宗旨与实现——从美国通识教育到“社会人”的全面发展》，《高教探索》2014年第2期。

路。[1] 王济干等强调：高等教育最根本的任务是培养优质人才，新时期优质人才需要具备哪些核心素质，关于这个问题目前学界还缺乏必要的顶层设计，大学生核心素质教育的理念还有待进一步深化和普及，不少制约推进大学生核心素质教育的"瓶颈"问题有待突破。[2]

（二）报告书的功能与作用

教育必须以提高国民素质为根本宗旨，[3] 高等教育的根本宗旨是提高大学生素质尤其是核心素质。大学生核心素质报告书作为提升大学生核心素质的顶层设计，在"源"（教育方针、优秀文化、四梁八柱）的指导下，运用"势"的"引领、照耀"功能，发挥"环绕"对育人生态场中师生的双向作用，可以深化和普及大学生核心素质教育的理念，能够让学生明确努力与发展的方向、教育者明确教育与指导学生的方向，帮助学生实现动态的查缺补漏、扬长补短与自我完善，其实施与推广可以使高校牢牢把握"培养什么人""如何培养人"等根本问题，促进素质教育有效落地，回到教育的本真，推动高等教育的内涵式发展，为实现高等教育的根本宗旨提供保障。

三、为高校综合改革提供决策参考

（一）高校综合改革方面存在的问题表述

党的十八大和十八届三中全会明确部署深化教育领域的综合改革后，高校综合改革工作改什么、怎么改、改了之后如何，成为高校领导干部和师生员工等的热门话题，学者们也对此展开研究。李传起指出：自恢复高考以来，高等学校内部和外部管理一直没有太大的变化，更没有太多的创新和创举；高等教育完成了量的扩张，但没有质的飞跃；"211 工程""985 工程""2011 计划"等高校综合能力提升计划在现代大学制度建设上、在招生录取政策上、在创新人才培养模式上仍乏善可陈，没有起到可供全国高校学习和借鉴的示范作用；

---

① 刘尧：《求真育人：大学不变的宗旨》，《高校教育管理》2015 年第 3 期。

② 王济干、汤建、周春燕等：《基于需求导向的大学生核心素质培养研究》，人民出版社 2017 年版，第 44 页。

③ 江泽民：《江泽民同志在第三次全国教育工作会议上的讲话（摘录）》，《思想教育研究》1999 年第 4 期。

我们在世界一流高校中所占的份额微乎其微；创新人才、创业人才的培养都远未达到社会的期望，高等教育服务经济社会发展的能力也有待进一步提高。[①]陈治亚认为：高校综合改革人性化理念缺席所暴露出的弊端和问题，表现为管理制度缺乏人性化，运行模式趋于行政化，权利和义务不对等，培养模式僵化，忽视基础科学研究，将高等教育综合改革等同于全面改革，改革“碎片化”，改革急功近利。[②]曹国永强调：当前，深化高等教育综合改革已进入深水区和攻坚期，面临着许多普遍性的问题与矛盾，我国高等教育的发展需要在建立现代大学制度、提升人才培养质量、建设高水平师资队伍等方面作出积极探索，推进大学治理体系和治理能力的现代化。[③]

（二）报告书的功能与作用

高校综合改革不管怎么改，都必须以育人为中心，紧扣“全面实施素质教育”这个战略主题。[④]大学生核心素质报告书可以实现“四全”（全员、全要素、全过程、全方位）育人的全覆盖与全围绕，能够把实施大学生核心素质教育贯穿于改革的全思考和全过程，通过平台的大数据直接反映核心素质教育改革与人才培养模式改革等方面的整体问题，间接反映学校综合改革其他方面的存在问题，使决策者在大学生核心素质教育的基础上反思学校管理体系、科研管理体制、人事管理制度、基础保障条件等方面的改革“瓶颈”。也就是说，上述相关信息和问题源于报告书，即问题是从报告书中反映出来的；又回到报告书，即利用报告书中的相关要素与指标对问题进行分析与研判；再问计报告书，即通过报告书寻求问题解决之道，让报告书“作主”，提出具有针对性的对策。因此，大学生核心素质报告书可以为高校综合改革提供决策参考。

---

① 李传起：《高等教育综合改革的核心问题和对策研究》，《国家教育行政学院学报》2015年第10期。

② 陈治亚：《人性化：推进综合改革的新视角》，《中国教育报》2015年3月23日第09版。

③ 曹国永：《深化高等教育综合改革应着力解决的几个问题》，《国家教育行政学院学报》2016年第1期。

④ 龚克：《高校推进综合改革要找准真落点》，《中国教育报》2014年3月19日第02版。

四、为社会各界参与高校人才培养搭建新平台

（一）社会各界参与高校人才培养方面存在的问题表述

关于社会各界参与高校人才培养方面的存在问题，研究者一直非常关注，基于学生家长、用人单位等多个视角已有一些相关的研究成果出现。闫妍指出：在中国，家长把子女升学作为第一要务，认为只要孩子考上大学，就算大功告成；学生考入大学以后，家长把给予学生学费和生活费作为主要职责，把教育看成学校的事，很少与辅导员和老师进行联系。[①] 于黎明等认为：总体来看，我国企业参与高校人才培养工作还有很大差距，主要表现为一是企业在教学计划、课程设置、培养环节等参与较少；二是企业在学生实习岗位、实习培训等方面准备不足；三是企业对高校支持的经费用在人才培养上的比例偏低。[②] 胡国英强调：产学研合作能从根本上解决学校教育与社会需求脱节的问题，但因企业的最终目标是追求利益最大化，不愿在产学研过程中花费太多的精力，并且因管理权限、合作成果难以界定，企业在合作的过程中动力不足。[③]

（二）报告书的功能与作用

就学生家长而言，大学生核心素质报告书可以成为家长了解学生在校学习、生活情况和素质培养等的纽带，增强了家长与学校的联系，使其了解人力资本投资（为高等教育支付了学费、生活费等）的成效，参与到高等教育有效性的评价之中。对于用人单位来讲，大学生核心素质报告书注重用人单位需求调查，不断完善以动态适应用人需求，力求培养出社会认同度高、岗位胜任力强的学生，能够充分发挥用人单位在学生素质教育培养中的积极性和主动性，加强其在产学研、校企对接等中的主导作用，既促进了大学生就业，又满足了用人单位需求，报告书成为社会各界参与人才培养的新平台。

我们冀望，有那么一天，社会各界参与这个人才培养新平台的建设如火

---

① 闫妍：《家长参与高校学生管理模式创新研究》，《广西民族大学学报（哲学社会科学版）》2014 年第 2 期。

② 于黎明、陈辉、殷传涛等：《企业全过程参与工程师培养的探索与实践》，《高等工程教育研究》2013 年第 3 期。

③ 胡国英：《社会力量参与高校应用创新型人才培养的机制研究》，《思想理论教育》2012 年第 17 期。

如荼，大学生核心素质报告书制度中可复制可推广可借鉴的经验能够运用到各个高校和社会多个领域，并启迪小学、初中、高中的学生素质培养；建立“全国大学生核心素质报告书信息系统”，国家教育部等有关部门通过大数据能够更加全面、快捷、精准地掌握大学生核心素质培养的整体现状，从而有利于制定针对学校主导学生培养（从小学到大学）、社会各界参与学生培养的更富于现实性和前瞻性的相关政策——我国成为教育强国必将指日可待！

第四节 大学生核心素质报告书制度体系

大学生核心素质报告书制度体系由一套互为关联、相互补充的工作制度构成，主要包括学生素质发展信息采集、素质测量与评价、素质状况分析与研判，以及保证该制度顺利运行的工作机制等方面。

一、学生素质发展信息采集

（一）信息数据的有效性

大学生核心素质报告书制度本质上的作用是为了提升人才培养质量，是一个价值属性的体现，但是其对人才培养的过程也可以产生重要的影响。不同的主体对于素质教育有着不同的期望和诉求。用人单位、学生、家长和社会都是素质教育的利益相关者，利益相关者的参与和支持是素质教育有效性提升的关键。素质教育已经从注重成绩量化到注重教育目标及从注重人的需要到注重人的发展的价值转向，素质教育评价标准必须遵循素质教育的内在规律，必须用生成性思维的价值定向取代预成性思维，使大学生的全面发展成为素质评价的核心价值准则。因此，大学生核心素质报告书中所涉及的信息必须确保其具有高度的有效性。

（二）信息采集的工作主体

大学生核心素质报告书制度是一项系统工程。为保障该项工作能持续、有效推进，须有专门机构牵头成立工作领导小组，负责统筹相关工作，成员包括各学院、教务处、学生处、团委、信息化部门、图书馆、后勤、保卫处、校医院等；若由某个部门“单打独干”，则该项工作难以推进。此外，学生、任课教师、辅导员、班主任、学业导师、班委会（团支部）也是信息采集中不可忽略的主体。

（三）信息采集的数据类型

关于大学生素质评价的数据类型有很多，从数据呈现的结果来看，可以分为可量化数据与非量化数据两种类型。可量化数据，即可以直接以数字的量化方式呈现；非量化数据，主要包括体现不同类别、层次、群体、评价等级等信息的数据，如区分男女性别、年级等，体现不同的类别或群体，可称之为类别数据。从数据的获得方式来看，大体也可以分为三类：一是调查数据，二是测评数据，三是隐性数据。调查数据指的是通过设计格式化的表格或问题式的调查问卷，由学生直接填写而获得的有关学生素质发展情况的信息；测评数据指的是借助于量表调查、考试考核、会商评价等方式得出的素质发展信息；隐性数据指的是通过计算机系统开发特定的程序，对掌握的学生素质信息进行深度挖掘和分析，得出我们所需要的数据信息。

（四）信息采集的规范化

大学生核心素质发展信息是后续工作推进的基础，量大且构成复杂。因此，关于信息采集和填写的流程，要有针对性地对实际操作中存在的问题进行系统规划，为提升信息采集工作的准确性和规范化打下良好的基础。在信息采集范围方面，应从宿舍、食堂、图书馆到学院、学校职能部门，都应建立观测点取样取值机制。在信息采集方式方面，应充分利用移动互联、物联网等现代化信息手段，构建统一的协同工作平台，减少人为输入工作量。同时，充分调研现有相关信息平台，实现互通互联，避免重复开发。在信息的准确性方面，应由信息管理员对各工作主体采集的信息进行逻辑检查，对有错误的信息进行核查、校正。在信息管理方面，对学生、学校和学生家长来讲具有“查缺补漏”的指导和预警作用，要注意学生隐私保护，谨防信息泄露、扩散，被不法分子利用。

二、学生素质测量与评价

（一）过程与结果并重的理念

大学生素质测评本身只是教育过程中的一种手段，最终的目的是提升人才培养质量。而且，“测评还有一个极为重要的功能，即测评结果的测量功能和预测功能，对学生的发展方向具有前瞻作用，对学生的成长起到导向作用”。[①] 正因为测评具有一定的导向性，一些学生可能会为了测评而刻意在某些方面为自身争取加分，因此，在“测”的过程中要特别注重测评体系的精准，可以“运用离散数学、多元统计、结构方程模型等现代数学工具进行深入定量化、确化剖析”。[②] 在测评过程中，还要注重对学生进行充分的教育和宣传，强调通过过程性评价及时调整学生的学习，使学生真正明白素质测评的要义。只有保证测评过程和结果是有效的，此项工作才具有价值。

（二）定量与定性相结合的原则

在评价方式上，尽量采取定量定性相结合的方式，减少分级等次评价，结合数据进行客观性描述或说明。指标能够量化的，实行定量测评，不易量化的，实行定性测评。比如，专业成绩可用数字精准评判，科技创新可用参加的实验和成果，甚至相关导师的评价给出一定的评判，而考试作弊等违纪及心理健康等只做事实表述。评价学生素质表现尽量实现个性化，在评价方式上，应既重视学生自我评价的作用，又关注他人评价的导向功能，努力使社会评价标准与个体评价标准趋于协调一致，把结果性评价、诊断性评价与过程性评价有机结合起来。

（三）合理确定测评指标权重

大学生素质测评指标不可能覆盖学生素质发展的所有方面，“确保大学生综合素质测评体系科学合理的关键是测评内容和测评方法的匹配性问题”。[③] 内容体系过于复杂，一味追求全面而忽视测评体系的实用性和可操作性，则易导致陷入无所不测、工作量巨大的窘境。因此，要对测评指标根据“其时、其势、其事”的变化适当增删，应该和社会对人才的需求相结合，合理确定测评指标权重，既涵盖六大核心素质，又不过细，兼顾可测量、可操作性。如竞赛指标项目，可以划分为国家级、省级、校级和院级，突出难易度。越高水平的赛事，也越难参与、获奖，素质测评权重要相对提高。而对于学习成绩绩点，

---

① 罗勇、宋璐怡：《高校学生综合素质测评体系探析》，《教育评论》2014 年第 12 期。

② 同上。

③ 戴国立：《大学生综合素质测评体系构建》，《中国青年研究》2011 年第 10 期。

因其选课不同、任课教师的差异，也存在一定的偶然因素，因此，不能单纯评估其成绩分数，可考虑在测评中适当减少一定的权重。

（四）校评与自评、互评相结合

素质测评应该充分考虑学校评价、学生自评与互评相结合。学校层面实施的素质调查与评价从内容上可分为思想政治素质、专业素质、科学文化素质、创新创业素质、能力素质和身心素质6个方面，素质分析由班干部、辅导员、班主任、学业导师、任课教师、教务秘书、宿管人员等填写，通过自我评价、学生互评、教师评价、团体会商等方式，形成分析报告。评价过程中尤其要注重学生的自我评价，充分发挥学生的主体性作用和主观能动性，对自我进行全面剖析与认知，形成素质发展自我评价分析报告，在此基础上制定合理的素质发展期望与规划。针对学生素质发展的具体情况，学校可组成会商小组，对学生素质发展提出指导建议，在“有引导、有限定性、能容错容短”的教育实践中让学生接受指导或自我教育。

三、学生素质状况分析研判

（一）建设学生素质发展状态的大数据应用平台

建立全面的、能够综合反映学生真实的素质发展状况的信息集成系统是实现对学生素质状况分析研判的关键。平台的功能除了能够反映个体学生的素质发展情况，还可以通过数据挖掘评价某个群体的学生的发展状态（比如，家庭经济困难学生与一般学生的比较、西部地区学生与东部地区学生的比较、男生与女生的发展比较）。设置家长及用人单位查询端口，便于用户进行评价反馈。对学生的评价应充分发挥正面导向作用，变客观评价为激励评价。对各类学生评奖、评优，甚至图书借阅情况、消费行为开展数据挖掘，进行多主体（教师、辅导员、学业导师、学生）网络互评与信息反馈。在信息挖掘中，要注重激发学生成长的内生原动力，无论获得多少信息，均可以定期制作自画像并通过手机APP让学生获取，无须解释，就使其通过“照镜子”进行反思。

（二）分类面向的数据挖掘和分析

依托大数据应用平台，可构建评价决策系统，对大量学生学习信息进行统计分析，从而为评价决策者提供科学、高效、易用的辅助分析工具，满足评价决策的需求，提高决策的质量和效率。例如，面向学生管理部门的数据分析有图书借阅数据分析、宿舍门禁数据分析、成绩数据分析、贫困生数据分析、学生考勤数据分析，面向后勤部门的数据分析有一卡通消费数据分析、食堂评价数据分析。还可以进行多维度的数据挖掘和分析，比如，男女性别消费习惯，院系、班级消费习惯，不同类型学生消费习惯，等等。同时，依据时间点测评信息考量个人与群体状态，依据时间轴上的群体均分变化考量学校教育相关方面的优劣，依据时间轴上的个人评分变化考量个人成长状态，还可以挖掘“特别学生”与“特别环节”。比如，学生上网行为的数据分析有：校内网站访问情况统计、搜索关键词统计分析、学生求职意向分析、电商访问及搜索行为分析、电商消费及商品关注情况分析、校内电子资源使用分析、学生网贷行为分析、舆情数据分析、无线定位分析，等等。

四、“自评—会商—反馈—改进—跟踪”工作机制

建立科学有效的工作机制是实施核心素质报告书制度的重要保障。既要体现以学生为中心，充分考虑和发掘学生的内在体验，又要充分发挥高校在人才培养过程中的优势，努力做到八个育人——教书育人、科研育人、实践育人、管理育人、服务育人、文化育人、组织育人和协同育人。

（一）自评

在素质评价方式上，要重视学生自我评价的作用。学生根据核心素质内涵全面开展自我评价和剖析，加强对自我的全面认知，实现对个人阶段性素质情况的了解。大学教育的重要性并不完全在于学生学会了多少专业知识，掌握了多少技术，更重要的在于使学生学会自我认识，培养学生的自我认识能力。同时，自我评价能够帮助其他评价主体更加客观地认识学生的优点、特长、存在的问题等。

（二）会商

大学生素质测评采取开放的管理机制，评价主体多元化，但由于是多主体参与评议，可能因为评议人对受测人了解不够、评议人情绪波动或评议人脱离评议标准等情况，难免出现评议误差。建立会商机制，一方面可以规范辅导

员、学业导师与任课教师沟通，审视学生个体存在的不足，另一方面也可以对一些明显的错漏进行修正和补充，将测评误差减小到可控范围。

（三）反馈

辅导员、学业导师、班级学生评议小组共同进行会商、诊断后，要将发现的问题及时向学生进行反馈，提出意见，共同制定具体的素质发展规划。帮助学生持续对自己形成一个客观、公正的评价和正确的认识，明确自己的努力方向与目标，拉近理想与现实的差距，找到通往理想彼岸的路径，使“因材施教”不再是时髦的口号，而是真正落到实处，有具体的行动和措施。

（四）改进

学校职能管理部门对各项数据进行综合分析和研判，定期完成《大学生核心素质发展报告书》，为提升人才培养质量提供抓手，为学校综合改革提供决策参考，帮助学校掌握人才培养过程中的问题，完善教育体系，指引改革方向；便于用人单位对学生的整体特点有更加全面的了解，提高学生的“竞争力”，同时吸纳社会各界的合理性意见和建议，为社会各界参与人才培养搭建新平台。

（五）跟踪

对学生素质发展的跟踪涉及两类对象：一是在校学生，二是毕业生。一方面，根据学生在校期间所获得的素质初检结果和每年的素质普测结果，学校对学生提出意见和建议后，要选一部分对象持续跟踪，形成完善的工作机制，不仅要反映学生学业成就，也要反映教育管理部门、学院各评价主体在促进学生素质发展方面取得成功的程度。另一方面，建立健全毕业生跟踪调查制度。毕业生的质量不仅关系到学校的教育质量、信誉和知名度，更重要的是能够验证素质教育是否取得了应有的成效。其宗旨是从实际出发，实事求是地了解情况，反映情况，了解和掌握用人单位对毕业生综合素质（包括思想道德品质、职业道德素质、专业素质及技能等）的评价，为持续推进大学生素质报告制度的改革提供真实、可靠的反馈信息。

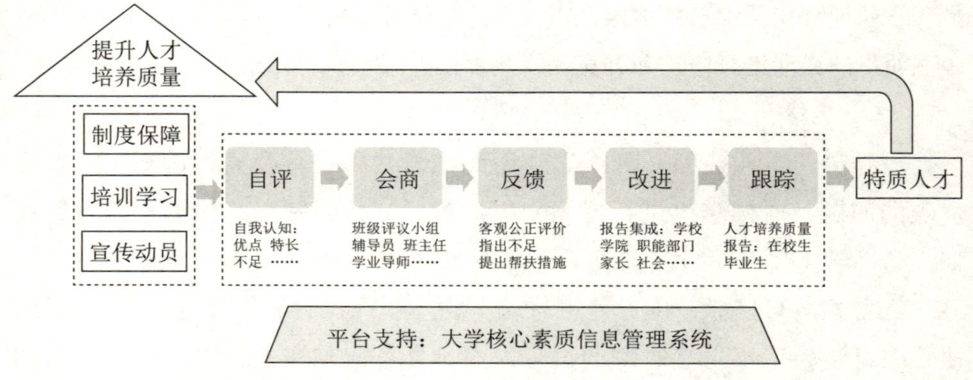

图 2—3 “自评—会商—反馈—改进—跟踪”工作机制运行图

本章小结

本章从大学生核心素质报告书制度的理念出发，梳理了教师、辅导员、教育管理者以及广大学生对核心素质报告书制度的意见和建议，对建构大学生核心素质报告书制度进行了总体性思考，并对制度如何实施和执行提出“六步”工作法，即“强宣传，促认知；定标准，细实施；重指导，促参与；挖数据，画好像；抓两头，促中间；出谋略，献计策”，进而对报告书制度的设计原则进行深入分析，认为报告书制度可以在四个方面发挥作用，为全面提升高校人才培养质量提供抓手，为实现高等教育的根本宗旨提供保障，为高校综合改革提供决策参考，为社会各界参与高校人才培养搭建新平台。为此，素质报告制度必须在学生素质发展信息采集、学生素质测量与评价、学生素质状况分析研判、“自评—会商—反馈—改进—跟踪”工作机制等方面建立一套完整的制度体系。

第三章

大学生核心素质报告书内容研究

以学生为本的实质是培养一个完整、生动的“人”。作为教育工作者，我们要努力回答“心目中理想的学生是什么样子?”，既要有总体性、概括性的把握，又要有根本性、特质性的塑造。

基于教育生态学和信息动力学理论，本章重点就大学生核心素质报告书的内容架构和素质观测点进行研究，按照教育生态场源、势和积的功能内涵，对素质报告书核心素质要素、基本构成及素质观测点进行分类与筛选，结合核心素质报告书制度落地的实际应用需求，对素质观测指标、教育重点和养成要点与日常教育管理各相关环节进行关联，体现指标体系的科学性和可操作性，提出内容的开放性和包容性，按照分层次、递进式的原则，根据大学生在校不同阶段，合理设置素质观测指标内容，细化评测依据，实现高校人才培养各相关教育元素在报告书平台的“入驻”和有效集成。

第一节　大学生核心素质报告书要素概述

一、要素分类

大学生核心素质要素可概括为六大类一级指标和若干二级指标的系统。六大类一级指标包括思想政治素质、专业素质、科学文化素质、创新创业素质、能力素质和身心素质。[①] 每一类一级指标又由若干二级、三级指标构成。

二、要素构成

大学生核心素质是对大学生的立体化和结构式认知。六大一级素质指标囊括了现代社会对大学生的素质要求，每一类一级素质指标又由若干子素质组成，不同素质在核心素质报告书中扮演的角色和发挥的作用不同，最终建构出大学生的评价体系。

具体而言，思想政治素质由思想素质、政治素质、道德素质 3 个二级素质构成，3 个二级素质又分别由世界观、人生观、价值观，政治意识、政治观点、政治立场，社会公德、职业道德、家庭美德、法纪观念 10 个三级素质组成。3 个二级素质兼 10 个三级素质共同构成了大学生思想政治素质，思想政治素质处在大学生核心素质全人模型的最高层，具有方向引领作用，是大学生其他各类素质的价值基础，引领着其他素质的发展。

专业素质由知识水平、技能素质 2 个二级素质及公共必修知识、基础知识、专业基础知识、专业知识、专业实践技能、专业拓展技能 6 个三级素质组成。专业素质处在大学生核心素质全人模型的中间主干层，集中体现了大学生专业知识认知、掌握和运用情况，具有支撑性作用，既为其他素质的发展提供有力的后盾，又是其他素质发展的最终聚合点。

科学文化素质由科学素质和文化素质 2 个二级素质构成，2 个二级素质又分别包含科学精神、科学思维、科学知识、人文精神、人文知识 5 个三级素质。

创新创业素质由创新创业品质和创新创业能力 2 个二级素质及创新创业道德素质、心理品质、思维能力、知识素养和实践能力等 8 个三级素质构成。科学文化素质和创新创业素质系统处在大学生核心素质全人模型的中间层，具有助推性和发展性作用，能促进其他素质的有机融合、共同发展。

能力素质由学习能力、领导能力、管理能力 3 个二级素质及知识获取能

---

① 王济干、汤建、周春燕等：《基于需求导向的大学生核心素质培养研究》，人民出版社 2016 年版。

力、知识运用能力、信息技术能力、团队合作能力、人际交往能力、表达能力、计划能力、协调能力、执行能力9个三级素质构成。

身心素质由身体形态、机体能力、健康意识、认知素质、个性素质、社会心理素质6个二级素质构成，6个二级素质又包括身高、体重、视力、血压、心率、肺活量等体质健康指标，以及感知、记忆、思维、想象等智力因素和情感、意志、动机、兴趣、气质、性格等非智力因素。身心素质和能力素质处于大学生核心素质全人模型的基础层，起到基础保障作用，是一切素质形成和发展的基础。

第二节　大学生核心素质报告书要素的关系内涵

六类核心素质要素之间相辅相成，相互支撑，相互制约，构成了高校人才培养的生态系统。各类要素又有着各自独立的指标体系和实现要求，形成独立的运行系统，六大核心素质之间既相互独立又相互关联，构成一个有机的整体。

六类核心素质中，思想政治素质处于主导地位，决定了高校“为谁培养人和培养什么人”的问题，就是要坚定地坚持社会主义办学方向，坚持培养社会主义建设的合格接班人，培养学生树立正确的世界观、价值观、人生观，养成良好的道德品质，树立坚定的共产主义理想信念，思想政治素质处在大学生核心素质全人模型的最高层，具有方向引领作用，是大学生其他各类素质的价值基础，引领着其他素质的发展。

专业素质主要指大学生对专业知识的认知、理解和实践应用能力，是大学生最核心的竞争力，专业素质处在大学生核心素质全人模型的中间主干层，集中体现了大学生专业知识认知、掌握和运用情况，具有支撑性作用，既为其他素质的发展提供有力的后盾，又是其他素质发展的最终聚合点。

科学文化素质和创新创业素质系统处在大学生核心素质全人模型的中间层，具有助推性和发展性作用，能促进其他素质的有机融合、共同发展，优秀的科学文化素质是构建科学思维模式、培育科学精神、完善知识储备的重要因素，优秀的创新创业素质更是新时代个人提升和服务社会发展的必备素质。

身心素质和能力素质处于大学生核心素质全人模型的基础层，起到基础保障作用，是一切素质形成和发展的基础。能力素质在六大素质中起着穿针引线的作用，要求大学生能够灵活系统运用所学知识和自身优势，在现代社会分工中找到准确的定位，且不断适应社会对能力素质的提升要求。身心素质作为六大核心素质的基础和压舱石，起到至关重要的保障性作用，只有具备良好的身体素质和健康的心理状态，遵循身心发展的规律，才有可能进一步提升各类素质。

大学生核心素质报告书通过大数据计算客观、全面、系统、科学的描述评判学生个体、学生群体的状态及变化情况。六大类核心素质是报告书的核心指标，是以科学描述大学生成长需求和素质教育为基础，结合行业、企业和社会对人才的需求而总结提炼的一套指标体系，其目的是科学描述大学生的综合能力素质，帮助其更好地完成从大学生到社会人的转变。六大类核心要素分别从六个主要维度对大学生进行衡量并形成坐标，精准定位每位大学生在教育生态场的生态位，高校及教师主体从外部努力为大学生成长成才提供更多有利的资源动力，大学生主体从自身内部提升学习进步的兴趣动力，通过内外共同努力促使大学生的生态坐标朝着更好的位置移动，直至无限接近完美。核心要素是量化衡量的标准，成长的原动力是学校和社会提供的教育资源，所有的教育资源和目标理念共同作用形成积极向上的人才培养的趋势和力量，这些力量形成乘法效应共同推进大学生能力素质的提升。

第三节　大学生核心素质测评指标权重配置的基本方法

本书确定了大学生核心素质具备 6 个一级指标（思想政治素质、专业素质、科学文化素质、创新创业素质、能力素质、身心素质）之后，进一步明确了 15 项二级指标：思想素质、政治素质、道德素质，知识素质、技能素质，科学素质、文化素质，创新创业意识、创新创业品质、创新创业能力，学习能力、领导能力、管理能力，身体素质、心理素质。①

一、大学生核心素质测评指标权重配置的基本方法

对大学生核心素质进行分类评价，首先要明确大学生综合素质测评指标体系。指标体系是各级指标因素的集合，而大学生核心素质测评指标的权重则表明指标诸因素之间的关系以及诸因素在指标体系中的地位和重要程度。它是人们对指标体系内部各指标要素联系形式和各指标价值大小认识的产物。②科学合理的指标体系及合理的权重配置对于高校素质教育和大学生核心素质测评具有重要意义，是大学生核心素质测评综合结果科学化的保证，如果指标体系和权重配置不合理，难免会出现“画虎不成反类犬”之类的“失真”现象。对于指标权重的配置有三种基本方法：

（一）经验确定法

经验确定法又称定性加权法，即由经验丰富的素质教育专家、学者、学生职能部门的领导及一线工作者，根据他们长期的工作经验和主观认识，共同商议而确定权重值的一种方法。这种方法的优点是简便易行，能够充分交流意见；缺点是主观随意性较大，容易受加权人员的素质、水平及兴趣、偏好等因素的影响。因此，要保证权重数值确定的合理性和准确性，使确定的权数具有一定的信度和效度，关键在于加权人员的素质和水平。一般来说，如果加权人员的素质好、水平高，就能够制定出具有一定信度和效度的权重数值。在测评要求不是很高或测评结果与测评对象利害关系不太大的情况下，可以用这种方法来确定指标权数。但必须注意的是，运用这种方法加权，一定要注意加权人员的选定工作。

（二）德尔菲法

德尔菲法是美国兰德公司赫尔默于1964年发明并首先运用于技术预测的方法。它在教育测评领域得到广泛应用。这种方法就是采用匿名问卷的方式向

---

① 王济干、浦晓东等：《大学生核心素质模型构建及提升路径研究》，人民出版社2015年版，第56页。

② 贾金玲：《大学生综合素质测评体系研究》，西安科技大学硕士学位论文，2010年。

相关行业专家征求意见，在多轮的征求中逐步统一认识，从而确定权重。这种方法实质上是定性加权法和定量加权法的综合运用。专家们在确实权重数的时候，既要凭借丰富的实践经验，还要运用一定的科学知识，权重值的确定是他们的实践经验和专业知识相结合的产物。同时采用这种方法的测评者或有关管理人员，也必须运用感性知识和理性知识，才能完成这项工作的组织实施。具体方法是：

第一步，设计“指标权数配置专家咨询表”，说明指标间比较重要程度的具体含义，要赋予每一重要性等级一定的权数区间值。

第二步，将表发给咨询专家填写，收回后分类整理并统计。

第三步，把第一轮咨询结果和上述两个特征值再以表格的形式分别反馈给全体咨询专家，请专家再次进行估计后，收回表格进行统计。

第四步，根据需要，再进行第三、四轮，待咨询专家意见趋于一致，则可进行适当的数学处理，如求均值、归一化，即可得到该层次各指标的权重配置。

这种方法的特征是：（1）权威性。应邀参加咨询人员是对所要咨询的问题有比较深入研究的专家，他们发表的意见一般持之有据、言之有理。（2）匿名性。在咨询的过程中，专家们彼此互不相见，以“匿名”的形式接受咨询，有效地排除了人际心理因素的影响，从而能够客观地、充分地发表个人的见解。（3）反馈性。此方法常常要反复几轮征询专家的意见。设计者控制着整个咨询过程，他们对每一轮咨询结果都要作出分类整理和统计处理，然后反馈给每位专家，作为下一轮分析判断的参考，如此反复多次，直到咨询结束。（4）收敛性。应邀参加咨询的专家从反馈回来的整理统计资料中，可以彼此沟通，相互启发，获得信息，并据此调整、修改、补充或坚持阐发自己的价值观点和判断结论，从而使专家们的加权意见逐步取得基本一致。因而整个咨询过程一般都呈现逐步收敛的趋势。

（三）比较确定法

比较确定法又称为层次分析法，它原本是一种决策方法，由美国学者斯塔首先移植到教育测评领域，以解决权数的确定问题。比较确定法是把同级测评指标进行两两比较，并将逐一比较的结果构成一个矩阵，然后运用矩阵原理，导出诸因素权数的数学加权法。这种方法有一定的科学依据，同时由于给出简单计算公式，所以不失为比较科学、实用的方法。[①]

第一步，设计“指标权重配置咨询表”（见表 3—1）和说明书。说明书包括说明指标权重配置咨询的意义、目的和内容；各指标的含义以及填表的要求。要求加权人员对同级指标进行两两比较，即以纵列指标为基础，把它与横列指标逐一进行比较，并按照“相对重要性等级量表”的规定，作出比较并填写相应的数字于表中。

表 3—1　指标权重配置咨询表

	指标 1	指标 2	指标 3	指标……	指标 n
指标 1					
指标 2					
指标 3					
指标……					
指标 n					

第二步，把表发给咨询人员填写，收回并整理。

第三步，计算矩阵 A 的最大特征值对应的特征向量及 A 的最大特征值，并将特征向量归一化。

第四步，一致性检验。

第五步，据此分别计算出每一位加权人员各指标的权重配置，并求平均值，这样就可得到一个有代表性的为多数人所认可的测评指标的权数集。

必须指出，按照这些方法确定的权重，严格地说属于单一权重。必要时，可以构造综合权重，即将不同的单一权重通过一定的算法进行综合所得到的权重，这样可以进一步提高素质测评的科学性。

二、大学生核心素质指标体系

（一）思想政治素质

思想政治素质是大学生应具备的首要素质，具有方向性和动力性，包括

---

① 贾金玲：《大学生综合素质测评体系研究》，西安科技大学硕士学位论文，2010 年。

思想素质、政治素质和道德素质。根据比较确定法，我们确定主要测评学生的责任意识、组织纪律和道德素养。责任意识的主要观测点为责任心、集体观念和担当意识；组织纪律主要考查学生有无违纪情况，这里需要说明的是，如果学生无明显违纪记录，此条则一律视为良好；道德素养主要观测点为诚信意识、团结意识和宿舍文明。

（二）专业素质

专业素质是大学生在校期间所具备的知识水平和技能素质的综合，包括知识素质和技能素质。一年级新生刚入学，未接触专业知识和技能训练，因而仅从“专业认知”作为观测点考查学生是否具备明确的专业目标，以及对专业目标是否足够清晰。一年级后逐年增加通识类课程、专业课程、专业实践类课程学习成绩，包括第二课堂以专业素质能力提升为主要活动成效的内容为观测点。

（三）科学文化素质

科学文化素质是大学生应当具备的科学文化知识、精神和实践能力的结合，包括科学素质和文化素质。以学生对科学、人文知识的兴趣及掌握情况作为主观测点，培养路径考虑人文素质拓展类选修课程及参与校园文化活动两个方面；科学思维主要考查学生研究考虑问题的思维方式和态度。随着年级的增长，考察载体会有所增加。

（四）创新创业素质

创新创业素质是大学生知识、能力和优良品质等素养的总和，包括创新创业意识、品质和能力。

新生阶段，观测点选取创新与创业意识，主要考查学生该方面的意愿情况，为后期进一步培养做好理论教学与实践引导的策略准备。素质初检：创新方面以学生高中阶段参与科技创新类活动获奖情况，如机器人大赛等为测评标准；创业方面：采取问卷调查方式了解创业意愿及职业规划，结合一年级职业规划课程进行调查了解。

基于系统平台，考评过程评价可以通过点击“考评方式”获取各评价元素得分及相应支撑材料，比如，高中阶段科技创新类获奖。

（五）能力素质

能力素质是大学生各种能力组合行程的能力系统，包括学习能力、领导能力和管理能力。以大学生能力素质三因子——学习能力、领导能力和管理能力为考查主体，结合低年级学生发展需求，在新生素质初检阶段选取“知识获取能力、表达能力和计划能力”作为素质观测点。知识获取为后期知识运用的前提；表达能力是大学生冲破自我、悦纳他人，尽快适应大学生活，展示自我，融入学生团体的必备基础；计划能力是学生执行具体任务与协调事务关系的前提。二年级后增设知识运用能力、信息技术能力、人际交往能力、团队合作能力、执行能力、协调能力六项指标。

（六）身心素质

身心素质是大学生身体和心理健康程度的综合表现，是个体本身追求个人发展最为基础的素质，包括身体素质和心理素质。身体素质部分选取身体形态（身高、体重及体态）、健康意识及机体能力为主观测点，对新生体检报告、健康问卷调查和大学生国家体质测试进行客观评价；心理素质部分选取自我认知、情绪管理和抗挫抗压力为主观测点，通过心理健康中心进行专项心理测试及心理辅导员日常交流观测进行评价。

大学生核心素质评价指标体系是报告书制度的重要组成部分，是检验教育教学质量并引导大学生素质全面发展的衡量标准和依据，能否科学设定相关指标及观测点关系到学生素质发展状况评价的客观性、全面性和真实性，进而影响到高校教育教学改革指导策略的精准把握与有效调整。

大学生素质评价体系的建设是一项系统工程，各项指标的表征要实现科学合理及准确非常困难，难以完全实现。本书研究中注重运用多种类型观测点，通过权重赋值整合与历史数据的验证，按照关键性指标、一般性指标及参考性指标等加以分类，筛选高价值指标并进行综合性评价，尽可能达到评价目的。

当前，素质评价体系建设中的难点在于大学生素质评价的全面性要求与指标设定有效度与关联度模糊之间的矛盾。从素质评价的功能要求出发，设定的指标应具有稳定性、可靠性、有效性、可测性及可操作性等特点，但对照学生素质全面评价的基本要求，现有体系则难以实现完全覆盖和客观评测，其中诸多素质观测点属非量化或难以完全量化部分，完全依靠客观基础数据信息形成素质评价必定造成结果的有效性下降及素质画像失真。因此，正确把握评价体系的层次性，对涉及素质评价的关键指标、重要指标、关联指标及参考指标进行合理区分并进行科学的权重设置是完善大学生核心素质评价指标体系的重要前提，应当严格遵循大学生成长规律和高等教育发展规律，探准指标间的逻辑关系和关联程度，对实践类具体指标进行直接评价，对非量化指标选取关键性代表指标间接评价，甄别出综合性指标多重评价中的参考观测点可量化部分，并强化量化指标指向和价值功能，凸显此类指标的可操作性和精准性，形成体系清晰、指向明确的一套参考性评价指标体系。

另一方面，基于大学生核心素质全人模型和育人生态场浸润理论，以参考性指标体系为依据，建立素质特征对照信息库和素质评测激励制度，结合素质会商评价机制，综合运用好高价值指标（有效度高、可信度强、易获取）的多元评价功能，逐步形成体系完整、涵盖全面的一套综合性多重评价指标体系。例如，对于大学生思想政治素质指标中的世界观、人生观和价值观评价，单一或部分观测点难以达到全面准确评价的要求，因此采取了测评量表、关键指标参照、关联指标赋值、自评及他评的多元综合性评价方式，建立该项素质评测模型，完成指标点评价体系的架构。多种评价方法的综合运用，可提升观测点评价的可信度和有效性，以期满足大学生核心素质提升建议性和指导性需求，辅助高校教育教学改革决策，真正实现素质教育的有效性评判和功能实现。

表 3—2 大学生核心素质指标体系

序号	核心素质	二级指标	三级指标	实践指标	观测点
1	思想政治素质	思想素质	世界观	思想素质特征对照信息库	测评量表 关联指标 （综合日常表现）
			人生观		
			价值观		
		政治素质	政治意识	参与意识	党团活动情况
				学习意识	思政课程学习情况
					参加相关讲座情况
				宣传意识	组织学习相关理论知识
					发表相关类文章等

续表

序号	核心素质	二级指标	三级指标	实践指标	观测点
1	思想政治素质	政治素质	政治观点	思政课程	思政课程学习情况
				言论得体	课堂、日常言论、网络等媒体言论
			政治立场	政治方向	向党组织靠拢
				爱国爱党	爱国爱党表现
		道德素质	社会公德	文明友善	友善积分
				公益活动	公益活动情况
				诚实守信	诚信档案
			职业道德	责任意识	任务完成情况
				大局意识	个人与集体利益
			家庭美德	班集体生活	班级荣誉
				宿舍生活	宿舍内务
					团结舍友
			法纪观念	国家法律、地方法规	是否违法
				学校校纪	是否违纪
2	专业素质	知识水平	基础理论知识及运用能力	高中学习基础	高考各科成绩
				初步的专业认知能力	专业认知教育报告
				前两学年各门课程	学业成绩
				实验动手能力或社会调查能力	实验课程成绩或社会实践调查报告
				英语综合能力	课程成绩
				计算机等级考试成绩及计算机应用能力	等级考试成绩
			专业理论知识及运用能力	专业课成绩	课程成绩
				专业实验动手能力、数据处理及分析能力	实验课程成绩
				工艺方案设计能力或调查方案设计能力	课程设计成绩
				第二学年及以后各学年的专业认知水平	专业认知报告

续表

序号	核心素质	二级指标	三级指标	实践指标	观测点
2	专业素质	技能素质	科学研究与创新能力	中学时期参与学科竞赛、发明创造情况	竞赛统计
				中外文文献检索与阅读能力	检索课程或毕业设计环节文献检索与翻译
				参与科研、创新实践和学科竞赛	竞赛统计
				调查报告、技术报告、论文等撰写能力	社会实践调查报告以及撰写论文质量
				综合运用知识的能力	毕业设计成绩
				发表论文、授权专利等情况	论文统计
			专业实践与解决复杂问题能力	寒暑假社会调查情况	社会实践调查报告
				专业实习情况	实习表现和实习报告
				跨学科知识视野及跨学科沟通能力	跨学科读书报告或测评量表
3	科学文化素质	科学素质	科学精神	具备理性精神指导	1. 科学文化素质题库测试； 2. 日常学习状况
				实事求是的态度	
				批判精神	
			科学思维	逻辑性	1. 专项测试； 2. 学习过程中的测试
				辩证思维	
				理论与实践统一	
			科学知识	科学常识	进行科学文化素质题库测试
				中外自然学科知识	1. 题库测试； 2. 第二课堂相关活动情况（知识竞赛）
		文化素质	人文精神	人文态度	1. 进行科学文化素质题库测试； 2. 人文知识竞赛； 3. 日常行为中人文精神的体现
				人文关怀	
				人的价值追求	
			人文知识	中华传统文化知识	1. 进行科学文化素质题库测试； 2. 开设相关课程
				历史知识	
				文学知识	
				政治与法律知识	
				哲学知识	

续表

序号	核心素质	二级指标	三级指标	实践指标	观测点
4	能力素质	学习能力	知识获取能力	课程学习成效	课程学分绩点+单科优异成绩修正
			知识运用能力	实践类课程	实践类课程学习成绩
				获取成果	参与竞赛成绩
			信息技术能力	计算机应用	计算机课程学习情况及证书
				信息筛选	信息检索课程
				信息利用	综述类报告
		领导能力	团队合作能力	奉献精神	学生参与组织活动综合表现情况
				协作意识	
			人际交往能力	沟通能力	量表测试、学生在校期间人际交往情况
				理解能力	
			表达能力	口头表达	语言表达、普通话测试
				文字表达	写作能力
		管理能力	计划能力	合理规划	学业与职业生涯设计
			协调能力	统筹安排	活动参与情况
			执行能力	执行态度	组织活动现实表现
				执行效率	
5	创新创业素质	创新创业意识	创新创业意愿	1. 大学生创新体验竞赛（大一） 2. 大学生创业基础（大二） 3. 科技类社团参与度（大二） 4. 论文规范（大二） 5. 第二课堂“创新研究活动类”（大三及大四） 6. 毕业设计（大四） 7. 创新创业成果（大四）	1. 大学生创新体验竞赛成绩 2. “大学生创业基础”课程成绩 3. 科技类社团参与情况 4. 论文基础规范写作成绩 5. 第二课堂选修项目“创新研究活动类”得分 6. 毕业设计成绩 7. 创新创业竞赛成绩
			创新创业动机		
			创新创业价值观		
		创新创业品质	创新创业道德素质		
			创新创业心理品质		
		创新创业能力	创新创业思维能力		
			创新创业知识素养		
			创新创业实践能力		

续表

序号	核心素质	二级指标	三级指标	实践指标	观测点
6	身心素质	身体素质	身体形态	BMI 指数	身高、体重数值反应
			机体能力	身体素质	50m、800/1000m、立定跳远、坐位体前屈、仰卧起坐、引体向上
				心肺功能	肺活量、血压
			健康意识	锻炼习惯	每周主动参与体育活动的时间
		心理素质	认知素质	心理课程	心理健康教育课成绩
				感知能力	自我认知能力
					环境探索能力
				思维能力	系统性和深刻性
					敏锐性和灵活性
					想象力和创造力
			个性素质	人格特质	独特而稳定的思维方式和行为风格
					专业有成就者的人格因素
					在新环境中有成长能力的人格因素
					情绪稳定性
			社会心理素质	人际管理	人际应对能力
					人际融合能力
					表达理解能力
				社会适应性	环境适应性
					社会角色适应性
				意志力	自我约束、自我管理
					耐挫力

说明：素质评价本身是一个复杂的系统工程，在非量化指标的观测点选择及评价标准方面，采取了显示度较强的关联性指标进行说明，同时结合他评及会商综合评价，避免以偏盖全。其中难免存在部分评价标准体系不完整的情况，在接下来的研究中进行构建和完善。

三、大学生核心素质分析报告

撰写大学生核心素质分析报告，是指以书面形式报告测评的过程及其结果。按照测评的对象和内容，可分为综合测评报告、单项测评报告和群体测评报告。报告的主要内容一般包括：测评的时间、测评机构和人员、测评的实施步骤与基本方法、测评的结果与最后的测评结论等。需要指出的是，重视大学生核心素质测评的总结与测评报告的撰写，特别是据此建立起大学生核心素质测评档案，即将素质测评过程中的各项文件、计划、方案、数据和总结等，立卷建档并形成制度，逐渐形成大学生核心素质测评信息系统，进而促进大学生核心素质测评制度化、科学化的进程。以下为大学生核心素质分析报告的主要形式。

（一）综合测评报告

综合测评报告是指对某一个学生在某个时间段在六大核心素质上表现的综合测评。需要指出的是，六大核心素质的每个方面都有质的不同，比如，思想道德素质，其分数主要来源于自我评价—团体会商—反馈—修正这样一个循环定性的过程，而专业素质的分值主要参照大学生在专业课程上的学业表现，这两种分数是不能够进行直接相加或平均的，所以不宜对一个大学生进行简单的分数认证。本书主要采取对大学生进行六维分析的模式对学生进行综合测评报告。

表 3—3 核心素质综合评分样表

序号	核心素质指标	素质评分（分）
1	思想政治素质	80
2	专业素质	60
3	科学文化素质	72.5
4	创新创业素质	85
5	能力素质	70
6	身心素质	80

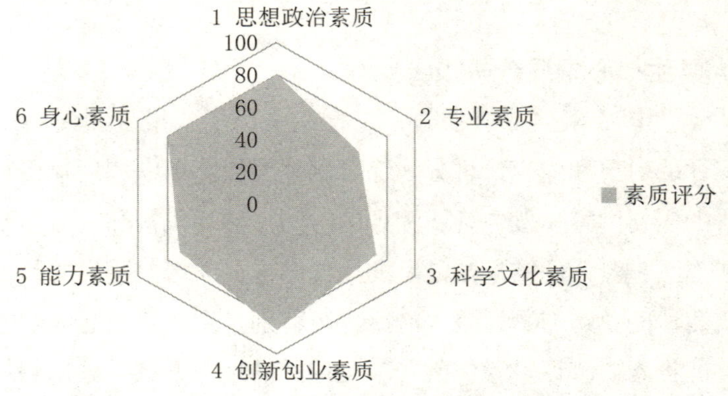

图 3–1 核心素质综合评分样图

（二）单项测评报告

除了综合测评报告，还可以生成单项素质测评报告，单项素质测评报告反映了大学生在某一时期在某个单项上的具体表现。例如表达能力，通过系统平台可以很简单地查询单项测评报告。

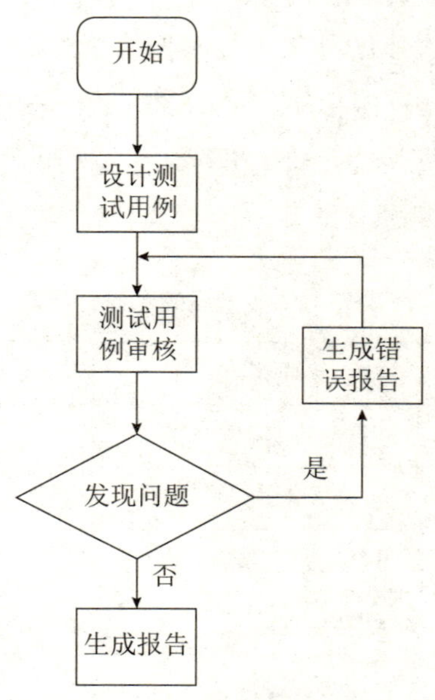

图 3–2 测评报告生成流程图

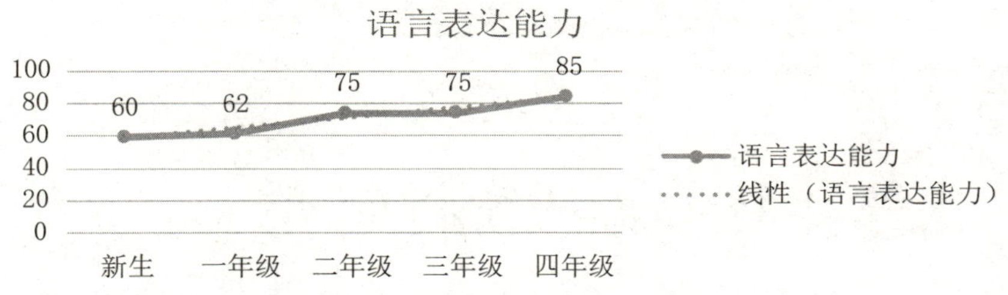

图 3—3　单项能力折线图样图

（三）群体测评报告

大学生核心素质报告书的作用一方面是了解学生核心素质养成情况，帮助大学生“弥补劣势，增强优势”，另一方面也可以帮助教育工作者找到工作过程和工作内容的强点和不足。群体测评报告可以看出某一群体和另一群体相比，某一素质的平均数高低情况。综合两个群体某一素质的初始数值，可以发现教育工作中的强点和不足，这一点将在后面的章节中详细讲述。

本章小结

本章从大学生核心素质报告书内容架构、要素构成和素质观测点筛选等方面对报告书内容设置进行了梳理和研究，在核心素质指标及二、三级指标基础上，提出了实践指标和素质观测点，并就相关评价标准进行了探讨。其中，对于非量化指标体系的观测点选择采取了显示度较强且具有一定代表性的关联性指标进行评价说明，同时将会商综合评价内容纳入其中，以避免评价失真。对非量化指标与量化指标进行模块化设定，并根据学生素质发展递进式变化实际，形成了不同学习阶段的报告书内容范本，对大学生核心素质报告书制度落地提供了实施载体。

第四章

大学生核心素质测评研究

研究有很多功能，或是“发现规律”，或是“回答问题”，或是“指导工作”。关于指导工作，不仅要有规律性、理论性研究，而且还要有可行性、可操作性的研究，应着重于在科学性指导和理论架构下，抓住工作的主要内容，给出一套可供执行的正确方式和方法。

测评是大学生核心素质理论研究走向实践操作的重要中间环节，起着承上启下的作用。大学生核心素质的科学测评，能够帮助教育管理者发现大学教育中的问题，帮助教育管理者找到教育中的薄弱环节，帮助教育管理者提出具有针对性的管理措施，从而发挥大学生核心制度的作用，达到提高大学生核心素质的目的。大学生核心素质测评包括测量与评价两部分，测量是对大学生核心素质客观的测评，测评是评价的基础，为评价提供重要参考资料，评价是按照一定标准对素质进行的主观评价，是测量资料的具体应用。

第一节　大学生核心素质测量方法选择依据

通过核心素质报告书制度，教师、教育管理者、教育管理部门等主体在文化引领、浸润、环绕下不断对学生产生影响。但其影响的效果如何？这就需要通过评价的方法及时反馈，以利于及时发现、弥补、矫正在对学生浸润过程中出现的缺陷和认知错误，及时改进浸润的方法，提高浸润的效能。

素质的多样性决定了素质测量方法的复杂性，随着测量理论的发展和测量技术的不断更新，学者们研究出丰富多样的测量方法。按目的和用途划分，有选拔性测量、诊断性测量、配置性测量、鉴定性测量和开发性测量；按测量内容划分，有个性测量、气质测量、能力测量、兴趣测量、价值观测量、行为测量；按测量形式划分，有笔试、面试、情境测试、综合测试、计算机测试；按测量参照系划分，有常模参照测量、标准参照测量。每种方法都有独特的作用，有一定的适用范围。要有效地开展大学生核心素质测量，必须依据测量目标、素质特点、学生特点选择合适的测量方法。测量方法的选择要遵循可靠性、有效性和便捷性三个标准。

一、测量的可靠性——信度

信度（reliability）指测量的一致性。信度反映了测验工具所得到的一致性或稳定性，是被测特征真实程度的指标。信度指标多以相关系数表示，大致可分为三类：稳定系数（跨时间的一致性）、等值系数（跨形式的一致性）和内在一致性系数（跨项目的一致性）。跨时间的一致性要求选择的测量方法在不同时间对同一测量对象实施测量，其结果要保持一定的稳定性，不能因时间或情境的变化表现出较大的波动。比如，在用体温计测量体温时，与采取腋下测量法相比，采取口腔测量法受周围环境和外界因素的影响就较小，稳定性也就比较强。跨形式的一致性要求形式不同的两个量表对同一对象进行测量时，其结果要保持一定的稳定性。比如，在用 AB 卷对学生的知识掌握程度进行测试时，题型、题数、难度、区分度要基本相同，否则就会呈现出较大的差异。跨项目的一致性要求测量同一概念的多个计量指标要具有高度的相关性。比如，大学采取耐力跑、引体向上、肺活量、坐位前屈等指标对大学生的身体健康状况进行测试，就要求这些指标具有一定的相关性。

判断一个测试工具或方法是否具有一定信度，可以采取试验性判断和推理性判断两种方法。推理性判断是根据一定的逻辑和理论依据来判断测量工具的信度，推理性判断时间短、成本少，可以用于测量方法的初步选择。试验性判断是采取测量方法对测量对象实施测量，并根据测量结果以 SPSS 软件进行分析以计算测量方法的信度。

推理性判断测量工具信度，主要参照以下信息：一是测验的长度。信度会受测验的长度影响，也就是说，一个测验工具题目的多少会在一定程度上影响测验的信度。一般来说，测验越长，信度越高。测验越长，题目取样或内容取样越充分，结果也就越可靠。二是题目的难度水平。如果一个测验的难度太低，测验分数可能会出现过于集中高分端的倾向；如果测验所选择的题目难度水平太大，则会出现集中于低分区的现象。这两种情况都会导致分数的分布太窄，使信度降低。只有当难度水平能够使分数分布范围最大时，测验的信度才会比较理想。

二、测量的有效性——效度

效度（validity）是测量的有效性程度，即测量工具确能测出其所要测量特质的程度。效度是科学的测量工具所必须具备的最重要条件。效度的种类很多，包括表面效度（face validity）、内容效度（content validity）、结构效度（construct validity）与效标效度（criterion validity）等。不同的测验用途和测验目的，会采用不同的效标。所谓效标，是指衡量测验有效性的参照标准，是一种直接、独立测量的行为。若测量学生智力，通常采用他们的学习成绩作为效标；若测量管理能力和决策能力，通常以他们的经营业绩作为效标。

主要从以下几个方面判断测量工具的有效性：

第一，测验的题目是否与测验的目的一致？譬如说，我们要测的是大学生的管理能力，题目却出现了很多知识性的问题，这样就难以准确地反映出测验所要测的东西。测验的题目要与测验的目的紧密联系在一起，题目要切实反映测验的目的。

第二，题目的难易水平是否适当？根据测验的目的确定合适的题目难度，这样效度才会提高，题目太难或太易都直接影响效度水平。

第三，题目是否符合大学生的行为情景？在题目设计时必须要考虑到大学生的年龄特征，只有在大学生熟识的学习、生活情景下进行题目设计，大学生才能对其内容进行准确理解，才能达到测试目的。比如，在测试大学生的领导力时，询问“如果下属没有完成工作，你会如何反应？”可能会让大学生无所适从，就可以将题目修改为："如果你委托别的同学的事情，没有及时完成，你会如何反应？"

三、测量的便捷性——可操作

测量的便捷性包含了方便性和快捷性两个方面。其中，方便性是指大学生能够顺利地完成整个测量过程，没有困难和阻碍；快捷性是指大学生能够较快捷地完成测量过程，尽可能减少测量时耗。提高大学生核心素质测量的便捷性，吸引大学生主动参与大学生核心素质测量，提高大学生核心素质测量率，推广大学生核心素质管理制度的重要基础。

便捷的大学生核心素质测量要体现"以人为本"的思想，要从人性出发，选择测量方法和设计测量方案，不仅要体现出客观性的便捷，更要给大学生带来感官上的方便。大学生核心素质测量方案设计的出发点是人的身体和心理行为，将人性化测量服务体现到整个测量过程之中。大学生核心素质测量方案设计要考虑人测量过程的时空关联，在测量过程当中随时体现人文关怀，创造良好的测量环境，给大学生提供方便、快捷和身心健康的测量服务。便捷的大学生核心素质测量，使大学生以最低的时间成本、最低的空间成本和最低的身心消耗参与大学生核心素质测量过程当中。

影响测量方便性的因素主要包括：

（1）题目用语的可理解度。如果测量的题目用语晦涩难懂，令人无法理解，大学生需要不断揣摩出题人的意图，就会影响大学生测量时的心情，使其产生厌烦情绪，从而影响测量的方便性。

（2）测量题目的形式。如果测量题目的形式是判断、选择等客观题，大学生不需要花时间和精力去组织语言，测量就容易让大学生接受。如果测量题目是主观题，大学生就会对测量产生一定的抵触情绪。

（3）测量方法的简易性。如果测量的形式比较简单，就很容易操作。如果测量方法需要大量仪器设备，需要做大量准备，甚至需要多人的配合才能完成，就会使测量的组织花费大量时间和精力，从而影响测量的方便性。

（4）测量方法的乐趣性。如果测量是以游戏的方式进行，就能引起大学生的兴趣，从而提升参与的热情。如果测量是以考试的方式进行，就会让学生产生压抑的感觉，从而影响测量过程的愉悦性。

影响测量快捷性的因素主要包括：

（1）测量题目的长度。如果测量的题目太多，大学生需要花大量时间进行测量，就会让大学生望而却步，进而对测量产生一定的抵触情绪。这种情绪会影响答题速度，从而使测量时间更长。

（2）测量方式的技术先进性。如果测量采取纸质的方式进行，那么就需要花费大量的时间对测量结果进行统计分析，需要较长时间才能给测量者以反馈。如果测量采取手机网络进行测试，则信息的统计、分析与反馈的速度能大大提升，从而提升测量的快捷性。

第二节　大学生核心素质测量方法设计

大学生在不同教育主体的环绕下其素质发生着悄然的变化，有些变化能够测量得到，而有些变化则只能通过主观感受。因此，大学生核心素质的测量方法主要包括两大类：一是客观测量方法，测量者运用仪器、测验等标准化测量工具对大学生的某类素质进行测量，测量得出的结果即反映大学生的素质水平；二是主观测量方法，是由测量者根据大学生的日常行为表现作出的主观评价，此类测量结果通常用语言来加以表述。以下将从客观测量方法（包括仪器测量法、笔试测量法、量表测量法）及主观测量方法（综合评价法、典型案例法、扎根理论法、网络文本分析法）的适用范围、评价方式、评价标准、注意事项等方面来详细展开叙述。

一、仪器测量方法

（一）仪器测量方法与适用条件

仪器测量方法指的是通过特定的测量仪器对某一指标进行测量，从而得出准确的数值。仪器测量方法适用于对大学生身体素质的测量，包括身体形态——身高、体重、体态（胖、瘦、匀称）、生长发育水平；机体能力——力量、速度、耐力、灵敏度、柔韧性。

根据《国家学生体质健康标准（2014 年修订）》规定，大学生体质健康测试项目包括身高、体重、肺活量、50 米跑、坐位体前屈、立定跳远、耐力跑（男生 1000 米跑，女生 800 米跑）、引体向上（男生）、仰卧起坐（女生）。这些体质健康测试项目能够精准反映学生的身体形态及机体能力，是大学生身体素质的重要评价指标。

（二）大学生核心素质仪器测量方法设计

大学生身体素质的测量以体育教师为测量主体。教师根据《国家学生体质健康标准（2014 年修订）》，运用相应的测量仪器对大学生身体素质的各个指标进行测量，每位学生每学年测量一次，并记入《国家学生体质健康标准》登记卡。

身高、体重可由身高体重测试仪测量，体重指数（BMI）由身高、体重测量结果换算而得：BMI= 体重（千克）/ 身高^2（米^2）；肺活量由电子肺活量仪测量；坐位体前屈由坐位体前屈测试仪测量；立定跳远由皮尺测量；50 米跑、耐力跑由秒表测量；引体向上、仰卧起坐分别在单杠、仰卧起坐板上进行，用秒表计时，人工计数。

（三）大学生核心素质仪器测量标准确定

教育部颁发的《国家学生体质健康标准（2014 年修订）》从身体形态、身体机能和身体素质等方面综合评定学生的体质健康水平，是促进学生体质健康发展、激励学生积极进行身体锻炼的教育手段，是国家学生发展核心素养体系和学业质量标准的重要组成部分，是学生体质健康的个体评价标准。该标准适用于全日制普通小学、初中、普通高中、中等职业学校、普通高等学校的学生，在应用时划分为若干个组别，其中大学一二年级为一组，三四年级为一组。

本标准的学年总分由标准分与附加分之和构成，满分为 120 分。标准分由各单项指标得分与权重乘积之和组成，满分为 100 分。附加分根据实测成绩确定，即对成绩超过 100 分的加分指标进行加分，满分为 20 分；大学的加分指标为男生引体向上和 1000 米跑，女生 1 分钟仰卧起坐和 800 米跑，各指标加分幅度均为 10 分。根据学生学年总分评定等级，90.0 分及以上为优秀，80.0—89.9 分为良好，60.0—79.9 分为及格，59.9 分及以下为不及格。

（四）大学生核心素质仪器测量注意事项

1. 严格遵守标准

测量主体在使用仪器进行素质测量时，需要严格遵守测量标准。以一分钟仰卧起坐为例，学生的动作规格必须遵守标准：两手指交叉贴于脑后，躺在仰卧起坐板上，起身时两肘触及或超过双膝为完成一次，仰卧时两肩胛骨必须触及仰卧起坐板；测试方法也须统一标准：测量主体发出“开始”口令，同时开表计时，记录一分钟内完成的动作次数，一分钟到时或最后一个，学生虽已坐起，但两肘未触及双膝者，该次动作不计数。只有每个测量主体和学生都严格遵守测试标准，测量结果才能真正反映学生的素质水平。

2. 注意测量误差

在使用仪器进行测量时，测量误差是不可避免的一个问题。测量仪器、测量环境、施测者的个性与感觉、受测者自身心理因素等，都会使测量结果偏离实际。因此，在每次进行测量之前需要对仪器进行检查与调试，以确保每台测量仪器都能精准运作。每学年同一时间段进行测试，能够消除一些由于环境带来的误差。施测者自身原因导致的误差可通过遵守测量标准来减轻。此外，在测量过程中，可以通过增加测量次数的方法来减少受测者误差。例如，在进行立定跳远测试中，较常采用跳三次取最好成绩的方法，以减少因受测者心理紧张等因素造成的发挥失常。

3. 保障人身安全

学生参加体质测评之前必须进行适当的准备活动，以免在测试过程中出现意外事故。在进行耐力跑等大运动量测试时，测量者需及时发现学生中出现的异常情况，如有学生出现身体不适，应立刻停止测量，及时送医。测量过程中发生的意外并不鲜见，所有测量工作都建立在学生人身安全得到保障的基础之上。

二、笔试测量法

（一）笔试测量法与适用条件

笔试测量是一种选拔性测验，要求被测者尽可能做出最好的回答，并且有正确答案，包括学绩测验与能力测验。

学绩测验是对个体在一个阶段的学习或训练之后进行的知识、技能发展水平的测定。[①] 学绩测验测量的是学习和训练的结果，考察的是一个人学得有多好，截止到考察之时为止，掌握了多少知识或者技能。根据测验编制方法的不同，可以将学绩测验分为标准化学绩测验和教师自编测验。标准化学绩测验是由测量学专家与学科教师按测量学基本原理编制，有一定的质量指标做保证，能提供常模作比较，客观性强，可用于大规模正规测试。大学生科学文化素质中的科学知识、人文知识可用标准化学绩测验来进行测评。教师自编测验是实践应用非常广泛的测量方法，教师在编制测验时往往根据自己的教学内容、教学目标及教学对象进行编制，具有很强的灵活性、针对性和适用性。大学生的专业素质通常用教师自编测验来进行测量。

大学生创新创业能力、学习能力、领导能力、管理能力等，都可通过能力测验来进行测量。这些标准化测验由心理学家研制开发，具有良好的信度、效度，能够在一定程度上反映个体的真实水平。

（二）大学生核心素质笔试测量方法设计

标准化学绩测验以及广泛意义上的能力测验均需严格按照测量学要求的量表编制过程来进行，具有科学性、规范性，而学校教学中使用的大多数学绩测验都是教师自己设计、编制、使用、评分。因此，在此详细介绍教师自编测试的情况。

教师自编测验由教师根据测验目的自己确定测验的时间、地点、内容和形式，并且完全依据教师自己的教学内容来进行编制，测验内容与教学内容高度一致；教师还可以根据学生的实际水平调整测验难度，具有很强的灵活性和针对性。

教师自编测验通常遵循以下步骤：第一，审查测验目的。教师应当了解自己所教班级学生的学习水平和特点，明确具体的教学内容和教学目标，确定学绩测验的性质（是考查测验还是诊断测验，是速度测验还是难度测验，是常模参照测验还是目标参照测验）。第二，制订测验编制的计划。编制测验既

---

① 戴海琦、张锋、陈雪枫：《心理与教育测量》，暨南大学出版社2004年版，第245页。

要全面合理地安排试卷结构，又要深入细致地研究单个试题，兼顾测验的广度和深度。第三，命题与组卷。教师应当严格按照教学目标编制出符合要求的试题，早一些将题命好，并多命一些题，多加审查，优中选优，还可请别的教师帮忙审查，尽可能规避自己的思维定式引发的问题，同时在试题的编排顺序上也要仔细思量，保证测验的准确性和条理性。

（三）大学生核心素质笔试测量标准确定

学绩测验按照所编测验评分系统的参照系不同可分为常模参照性测验和目标参照性测验两大类。常模参照性学绩测验以学生伙伴总体为参照系，以学生在伙伴中的相对位置评价学生的学习成就。目标参照性测验以教材和教学大纲为参照系，以学生是否达到教材与教学大纲规定的教学目标来评价学生的学习成就。常模参照性学绩测验易于横向比较，常用于选拔性目的的测量；目标参照性学绩测验以教学目标为准，常用于鉴定学生合格与否。

绝大多数能力测验都是常模参照测验，这类测验具有科学确切的常模，常模团体的确定也严格遵照测量学要求，与测验的目的相吻合，具有代表性。在运用能力测验量表对大学生的能力进行测量时，需要将学生的测验分数与常模相比较，将原始分数转化为量表分数，找到学生在团体中所处的地位，由此来判断能力的高低。

教师自编学绩测验大多为目标参照性测验，以教材和教学大纲为参照，鉴定学生是否达到教材与教学大纲规定的教学目标，并评价学生的学习成就。

（四）大学生核心素质笔试测量注意事项

1. 正确对待测验结果

无论是学绩测验，还是能力测验，对于测验的结果均需以辩证的眼光来看待。学绩测验考察的是个体经过学习、训练之后知识与技能的发展水平，因此，考试成绩能在一定程度上反映学生的学习能力、记忆能力、知识运用能力等，但并不能仅仅以考试的分数来评价学生专业素质的高低。智力测验的结果会以智商反映出来，但智力测验的公平性却一直饱受质疑。智力测验题目本身的内容和结构可能反映出性别差异、职业差异、文化和教育差异，并且智力本身会受年龄的增长、环境的变化、个性特质的转变而发生变化，对于智力测验的结果更要谨慎看待。

2. 合理融合多种测验形式

对于知识、技能、能力的测评，单次测验都仅能反映部分问题，要想综合评价大学生的专业素质、能力素质，需要综合多种测验形式。以大学生专业素质为例，大学生在进行专业理论知识学习的基础上，还要积极参加各种实践类活动，在各类活动项目中体验课程知识的运用，以此来锻炼自己综合运用专业知识的能力。学校在课程考核的同时，还要通过学生在专业类项目、专业类实践、专业类竞赛等方面的经历和成果来考查学生对于专业理论知识的实践运用情况。如此综合运用多种测验、考评形式，才能促动学生学习的主动性和积极性，并促使他们将理论应用于实际，积极参加各类实践活动，对知识活学活用。

三、量表测量方法

（一）量表测量法与适用条件

量表测量法相当于心理测量之中的典型行为测验，要求被测者按照日常习惯作答，无正确答案，最后以一定的标准评判被测者属于何种类型。人格测试就是典型行为测验，主要测量个体的需要、动机、兴趣、态度、性格、气质、价值观、人际关系、情感等。大学生的心理素质、创新创业意识、创新创业品质均可用量表测量法加以测量。

（二）大学生核心素质量表测量法设计

对于核心素质的类型描述，可从四个角度来设计测验：第一，合理建构。在某种理论指导下确定所要探讨的个性特征的结构并据此编制测验，题目选择必须使其内容能测量要测的特征。第二，经验标准。完全依据经验来选择题目，首先抽取已被公认为不同类型的几组被试，并以此为经验效标，对被试施测编好的大批题目，选出那些能把不同类型的被试区分开的题目组成测试。第三，因素分析。先给被试施测大量题目，然后通过统计分析得出几个因素，一种因素代表一种特质，同一因素内各题目之间有高相关，不同因素的题目之间相关很低。第四，综合技术。即将上述三种技术综合运用，首先根据理论构想编制和收集题目，然后将问卷施测于效标组和正常组，考察题目是否能区分被试，被试的反应是否如理论所预测的那样，据此筛选题目，最后对题目进行因素分析，看被试的反应是否符合原来的理论构想，是否分量表之间相关低、分量表内题目之间相关高。

（三）大学生核心素质量表测量标准确定

大学生的心理品质及心理素质的量表测量判定标准通常与个体之间的差异有关。比如，在认知风格上，每个人都有自己偏爱使用的信息加工方式，每个人在各种认知风格中都具有自己的倾向性。这些倾向性并没有好坏之分，而是各有所长。

（四）大学生核心素质量表测量注意事项

1. 测评结果的真实性问题

运用自陈问卷测量个体人格特质时，通常要求受测者针对所提出的问题在备选项中选出一个符合他实际情况的选项。有时候受测者为了获得较高的社会评价，或不愿意让别人了解自己真实的人格特征，或者不清楚哪个选项更符合自己实际情况，或觉得任何选项都不符合自己，或在无意识中有防卫倾向……这些因素都会导致测评结果的真实性受到质疑，这也是测量学上一个普遍存在有待进一步改进和完善的问题。

2. 正确看待测评结果

对于采用量表测量法来测评的大学生核心素质，需要明确心理素质、心理品质、人格特质并无好坏之分，只有类型之分，世界之大，各种性格、各种气质、各种兴趣的人都有。在看待测评结果时，要尊重自己、尊重别人、尊重差异。每种类型都有其优势，也有其劣势。我们可以做到的是发挥优势，改进劣势，让自己有一个更好的心理状态去学习、生活。

四、综合评价法

（一）综合评价法与适用条件

综合评价法是评价主体根据自己对大学生长期的观察和了解，参照一定标准，对学生某方面素质品质的表现状况和发展水平进行定性、定量综合评价的一种方法。综合评价法特别适用于那些无法仅用数值来简单描述的素质，如大学生的思想政治素质、科学精神、人文精神等。

（二）大学生核心素质综合评价法设计

定性测评与定量测评相结合的方法，将“质”和“量”相互补充、相互配合、相互促进，能够比较全面、具体、客观地反映个体的素质水平。

举例来说，对于大学生思想政治素质的评价，一方面要参考思想政治课堂教育的效果，即大学生在《马克思主义原理》《思想道德修养与法律基础》《中国近现代史》《毛泽东思想和中国特色社会主义理论体系概论》《形势与政策》等课程中的学习成果；另一方面需注重课堂外大学生思想政治素质的实践表现，考查学生在入学教育、军训、党团校学习、党团日活动、社会实践活动、志愿服务活动等方面的表现。只有将学生在课内与课外的表现综合起来看待，才能对其思想政治素质的发展水平进行有效评价。

大学生思想政治素质评分表见表 4−1。

表 4−1 大学生思想政治素质评分表

<table>
<tr><th>核心素质</th><th>二级指标</th><th>三级指标</th><th>实践指标</th><th>观测点</th><th>评价标准</th></tr>
<tr><td rowspan="8">思想政治素质</td><td rowspan="3">思想素质</td><td>世界观</td><td rowspan="3">三观合并评价</td><td rowspan="3">测评问券</td><td rowspan="3">测评得分占总成绩 60%；政治素质得分及道德素质得分各占 20%。四年使用同一份测评问卷，自评、班评及班主任评价结合。（1. 三观较难直接观测及定量评价，所以采取合并评价的方法；2. 政治素质、道德素质是三观的重要构成部分，故应借助相关观测得分计算三观得分）</td></tr>
<tr><td>人生观</td></tr>
<tr><td>价值观</td></tr>
<tr><td rowspan="5">政治素质</td><td rowspan="5">政治意识</td><td>参与意识</td><td>党团活动情况</td><td>根据参加党团活动情况加分</td></tr>
<tr><td rowspan="2">学习意识</td><td>思政课程出勤情况</td><td>设定全勤基本分，缺勤累计扣分</td></tr>
<tr><td>参加讲座情况</td><td>参加相关讲座加分，不参加累计扣分</td></tr>
<tr><td rowspan="2">宣传意识</td><td>组织学习相关理论知识</td><td>学生自发组织学习习近平新时代中国特色社会主义思想等理论活动累计加分</td></tr>
<tr><td>发表文章</td><td>学生在报刊上发表相关文章加分</td></tr>
</table>

续表

核心素质	二级指标	三级指标	实践指标	观测点	评价标准
思想政治素质	政治素质	政治观点	思政课程	思政课程得分	设定及格基本分，不及格扣分
			言论得体	课堂言论、网络等媒体言论	言论不得体扣分
		政治立场	政治方向	向党组织靠拢	党员加分、预备党员、入党积极分子、写过入党申请书并参加党课学习分别加分
			爱国爱党	爱国爱党	无言语、行动攻击不加分，有言语、行动攻击扣分
	道德素质	社会公德	文明友善	荣誉获得情况	获得相关志愿者奖励、表彰加分；不文明行为出现即扣分
			公益活动	公益活动情况	参加助老、助幼等志愿者服务活动加分
			诚实守信	信用记录	不良金融信息、考试作弊等扣分
		职业道德	责任意识	任务完成情况	不能按时保质完成任务扣分
			大局意识	个人与集体利益	为个人利益激化集体矛盾者加分
		家庭美德	班集体生活	班级荣誉	有则加分
			宿舍生活	宿舍内务	根据宿管打分酌情加减分（按宿舍文明“六不准”执行）
				团结舍友	产生矛盾，调解无用、酌情扣分
		法纪观念	国家法律、地方法规	是否违法	无不加分，有按轻重程度扣分
			学校校纪	是否违纪	无不加分，有按轻重程度扣分

（三）大学生核心素质综合评价标准确定

以大学生思想政治素质评价为例，《高等学校学生行为准则》和《普通高等学校学生管理规定》是重要参考标准。《高等学校学生行为准则》对于大学生提出了要求，是每个大学生都必须遵守的行为规范，包括八条：“志存高远，坚定信念”“热爱祖国，服务人民”“勤奋学习，自强不息”“遵纪守法，弘扬正气”“诚实守信，严于律己”“明礼修身，团结友爱”“勤俭节约、艰苦奋斗”“强健体魄，热爱生活”。《普通高等学校学生管理规定》则从学生的权利与义务、学籍管理、校园秩序及课外活动、奖励与处分等方面详细规定了大学生该做什么、不该做什么。

思想素质评价是指对学生世界观、人生观、价值观等思想观念的价值判断。它是学生思想政治素质诸要素中最本质的因素，关系到引导学生为谁活，怎样活的严肃课题。评价学生思想素质，应从学生具体的学习、生活领域和各种现实问题中去考察、评判他们的思想状况。在评价时，一要坚持全面的观点，根据不同学段学生的身心发展特点区别对待；二要坚持辩证的观点，看学生在每一具体的德育活动中的思想发展状况，看其主流；三要坚持重点论，"三观"中世界观是统领，要重点考查学生在思想政治教育过程中世界观的形成发展水平。

政治素质评价是指对学生的基本政治立场、观点、态度和行为的价值判断。它是学生思想政治素质评价的核心内容，关系到学校培养什么人、怎么培养人，关系到21世纪中国的面貌，关系到党的基本路线能不能坚持的大问题。从总体上看，评价大学生的政治素质，主要应看其对中国共产党、对社会主义祖国的感情，看其对党的基本路线、方针、政策的理解，对广大中国人民利益的基本认识及其具体实践行为。

道德素质评价是指对学生的道德认知、道德情感、道德意识、道德信念、道德行为等方面的价值判断，包括社会公德、职业道德、家庭美德。评价学生的道德素质主要应评判他们是否具有正确的道德认知，是否具有高尚的道德情感，是否具有坚强的道德意志，是否具有崇高的道德信念，是否具有良好的道德行为。此外，还需对大学生的法纪观念加以评判，评价学生对社会主义民主、法律制度、组织纪律等基本知识的认识和态度，以及坚持民主、遵守和维护法律、遵守组织纪律的行为品质，还要看他们是否具备基本的法纪常识和社会主义法治观念，是否形成了遵纪守法的良好品质，是否懂得同丑恶现象、不良现象、违法犯罪现象作斗争，是否了解自己的合法权益并运用法律武器保护自己。

（四）大学生核心素质综合评价注意事项

1. 坚持评价的过程性

评价的依据不能仅靠一次考试或者一份证书，而需要对学生的成长过程进行记录、观察、考核、评价。学生在大学生涯中始终处于成长发展的过程之中，而大学生处在青年早期的心理发育阶段，思想、情感易受环境影响。因此，在进行评价时要注重过程性和阶段性。

2. 评价主体的多元性

在对学生素质进行评价时，要充分考虑到拓展评价主体，将自我评价、同学评价、教师评价、家长评价、用人单位评价等相结合，综合各类评价主体的看法，如此才能对学生进行全面的评价。

3. 尊重学生的差异性

每个学生都有自己的个性，认知风格也千差万别。在进行评价时，要尊重学生之间的差异性。高校是培养人的地方，需注重学生健全人格的培养，而不是塑造千人一面的机械化产品，在不违反规章制度的前提下，允许学生有独特个性的表现。

五、典型案例法

（一）典型案例法与适用条件

典型案例法是通过对工作中最好或最差的事件进行分析，对造成这一事件的工作行为进行认定从而做出绩效评估的一种方法。应用到大学生核心素质测评之中，即由测评者记录学生平时学习生活中的典型案例：一种是做得特别好的，一种是做得不好的，在预定的时间利用积累的记录为测评提供依据。该方法包含了三个重点：第一，观察；第二，书面记录学生所做的事情；第三，有关成败的关键性的事实。这种方法考虑了大学生核心素质的动态特点和静态特点，对每一事件的描述内容包括：导致事件发生的原因和背景、学生的特别有效或多余的行为、关键行为的后果、学生自己能否支配或控制上述后果。典型案例法特别适用于对大学生的领导能力（团队合作能力、人际交往能力、表达能力）和管理能力（计划能力、协调能力、执行能力）进行测评。

（二）大学生核心素质典型案例方法设计

在采用典型案例法对大学生核心素质进行测评时，需着重收集在学习生活过程中给大学生造成显著影响的事件，而这些事件对大学生素质的评价是产生决定性影响的。在运用典型案例方法时，需遵循以下步骤：

第一，识别典型案例。运用典型案例法进行素质测评，其重点是对与所测素质相关的典型案例的识别。比如，辅导员在对学生的管理能力进行测评时，可将学生组织活动的情况作为典型案例，组织一场活动包括活动策划、前期准备、细节安排，还包括活动过程中的组织与协调、突发状况的应对等，完全可以作为判断学生管理能力高低的重要参照。

第二，识别典型案例后，测评者应记录以下信息和资料：（1）导致该典型案例发生的前提条件是什么？（2）导致该案例发生的直接和间接原因是什么？（3）典型案例发生的过程和背景是什么？（4）学生在典型案例中的行为表现是什么？（5）典型案例发生后的结果如何？（6）学生控制和把握典型案例的能力如何？

第三，将上述各项信息资料详细记录后，可以对这些信息资料作出分类，并归纳总结出该项素质的主要特征、具体要求和学生的表现情况。

采用典型案例法，应注意：典型案例的数量不能强求，识别清楚后是多少就是多少；典型案例的表述需言简意赅，清晰、准确；对典型案例的调查次数不宜太少。

（三）大学生核心素质典型案例法注意事项

第一，所记录"案例"必须是典型案例，即属于典型的"好的"或"不好的"案例。判断是否属于典型案例，其主要依据在于事件后的特点与影响性质。所记录的典型案例必须是与大学生的核心素质指标有关的事件。

第二，典型案例法一般不单独作为核心素质测评的工具来使用，而是应和其他测评方法结合使用，为其他测评方法提供事实依据。

第三，记录的典型案例应当是大学生的具体行为，不能加入测评者的主观评价，要把事实与推测区分开来。

第四，典型案例的记录要贯穿于大学生整个学习生涯期间，不能仅仅集中在离测评时间最近的几个星期或几个月里。

第五，典型案例法是基于行为的测评技术，特别适用于那些不仅以结果来衡量素质水平，而且要注重一些重要行为表现的核心素质指标。

六、扎根理论方法

（一）扎根理论方法与适用条件

扎根理论方法是运用系统化的程序，针对某一现象来发展并归纳式地引导出扎根理论的一种定性研究方法。将扎根理论方法应用在大学生核心素质测量方面，主要是通过收集反映大学生素质的事例和各方评价，对其进行归纳并结构化，从而形成对大学生核心素质的测量与评定。扎根理论方法特别适合人生观、价值观、世界观、个性素质等具有类型差异而无水平差异的素质测量。

（二）扎根理论测量方法设计

采取扎根理论进行大学生核心素质测量可以采取系统收集资料、进行逐级编码、饱和度检验形成三个阶段，其中逐级编码主要分为开放式编码和主轴式编码两个步骤。

第一，系统收集资料。资料收集采取多主体、多途径的方法进行收集，确保信息的丰富度和代表性。所谓多主体，主要体现为既要收集辅导员获取的信息，也要收集任课教师获取的信息，更要收集学生获取的信息。所谓多途径，主要体现为在日常工作中做好学生日常行为表现的信息收集，每次谈话做好谈话记录，每次集体活动都要对行为进行详细记录。

第二，开放式编码。开放式编码为一级编码，其目的是对原始的资料进行逐字逐句的编码、标签和归类，以使蕴含在原始资料中的观点涌现出来，使其得以范畴化和概念化。在编码过程中，概念是最基本的分析单元，属性相近或意义相关的概念被进一步聚敛并提炼为范畴。[①] 这是一个将收集的资料打散，赋予概念，然后再以新的方式重新组合起来的操作化过程。开放式编码的过程类似一个漏斗，开始时范围比较宽，随后不断地缩小范围，直至码号出现了饱和。

第三，主轴式编码。主轴式编码是在开放式编码的基础上，对初步贴上标签的资料进行整合分析，并逐步进行概念化的过程。通过主轴式编码，逐步抽取研究的核心范畴。主轴式编码首先要对语义相同或相近的标签进行合并。在对所有标签进行语义合并形成独立的概念后，需要对这些概念之间的关系进行梳理，对这些概念进行范畴化的处理，并逐步提炼出次要和主要范畴。

第四，饱和度检验。饱和度检验主要是对收集信息的充足度进行检验，防止研究信息选择过少导致研究结论缺乏科学性。为了进行饱和度检验，需要

① D.A.Gioia，K.，Chittpeddi，“Sensemaking and Sensegiving in Stragegic Change Initiation”，*Strategic Management Journal*，1991，12（6），pp.433–448.

在编码完成后再增加几个研究信息，检查这些信息是否会发现新的范畴，以决定何时采取停止信息收集。

（三）扎根理论注意事项

第一，研究者要以一种开放的心态，尽量"悬置"个人的"偏见"和研究界的"定见"，将所有资料按其本身所呈现的状态进行登录。

第二，对资料进行仔细的登录，不要漏掉任何重要的信息；登录越细致越好，直到饱和；如果发现了新的码号，应该在下一轮进一步收集原始资料。

第三，注意寻找当事人使用的词语，特别是那些能够作为码号的原话。给每一个码号进行初步的命名，命名可以使用当事人的原话，也可以是研究者自己的语言，不要担心这个命名是否合适。

七、网络文本分析法

（一）网络文本分析法与适用条件

文本分析是对文本内容进行客观、系统、量化分析的一种科学研究方法。[①] 这种方法的优势在于能够将碎片化的、互动交流式的信息转化为系统量化的资料，从而实现信息的挖掘、处理以及知识的提炼。大学生在学习及生活中频繁进行着信息的互动和情感的交流，基于社交网络的方便、快捷、及时等优点，大学生往往会选择在微信、QQ、贴吧等平台进行信息交流。借助 Rost Content Mining 6 文本内容分析软件对社交平台大学生交流信息进行词频分析和情感分析，以此对大学生的思想政治素质进行测量。

（二）网络文本分析方法设计

采取网络文本分析法对大学生思想道德素质进行测量，可以采取网络文本获取、网络文本词频分析、网络文本情感分析三个步骤进行。

第一，网络文本获取。将大学生在微信群、QQ 群交流的内容粘贴到 word 文档里，然后将广告以及与研究无关的内容进行删除整理，以确保用于分析的

① Krippendorff，K.，*Content Analysis*：*An Introduction to its Methodology*，Beverly Hills：Sage Publications，1980，pp.1–40.

内容符合研究要求。

第二，网络文本的词频分析。将整理好的word文档利用Rost Content Mining 6软件进行内容分析。导入待分析的word文档，由软件进行自动分词处理。删除与研究无关的词汇和单个字体，形成词汇频率表。为更好地体现分析对象的特征，避免随机信息对研究的干扰，需要从中选取高频词进行研究。根据学者孙清兰的研究，高频词低频词的阈值为$T=\sqrt{D}$①，其中D为词频总量，T为高频词频率阀值。

第三，网络文本的情感分析。情感分析是指对带有情感色彩的主观性文本进行分析、处理、归纳和推理的过程。其中，情感分析还可以细分为情感极性分析、情感程度分析、主客观分析等。情感极性分析的目的是对文本进行褒义、贬义、中性判断。情感程度分析主要是对同一情感极性再进行划分或者细分，以描述该极性的强度，例如"喜爱"和"敬爱"都是褒义词，但是"敬爱"相对来说褒义的程度更加强烈一些。主客观分析的主要目的是识别文本中哪些部分是客观称述而不带情感色彩，哪些是带有情感的主观描述。

（三）网络文本分析法注意事项

1. 网络文本的真实性

在选择网络文本时，一定要选择能够表达大学生真实想法的文本，选择在轻松、无压力环境下能够自由表达想法的网络文本，以确保网络文本的真实性。

2. 网络文本的多样性

为客观地对学生思想政治素质进行测量，选择多种网络文本进行综合分析，以避免单一网络文本的片面性。

3. 网络文本分析的客观性

虽然网络文本分析借助了计算机软件，但也需要对网络文本的内容进行主观判断与剔除，在进行网络文本时，要尽可能保持客观心态，确保分析结果的科学性。

---

① 孙清兰：《高频词、低频词的界分及词频估计方法》，《情报科学》1992年第4期。

第三节 大学生核心素质评价

马克思在《共产党宣言》中提出，“每个人的自由而全面的发展是一切人自由全面发展的条件”。大学生的全面发展既是高等教育追求的目标，也是评判高等教育有效性的依据。从全面发展的视角看大学生核心素质评价，需要从以下几个维度展开：一是从内核的维度看，全面发展的核心是要发展，因此，评判大学生核心素质报告书制度的首要内容是大学生素质是否得到提高与发展；二是从横向的维度看，全面发展是六大核心素质都要得到提高，不能有较大偏颇，因此，需要评判大学生核心素质是否得以均衡发展；三是从纵向的维度看，全面发展要能够随着时间的变化不断地发展，需要对时间维度上素质是否得以协同发展进行评判。因此，本书构建了由水平评价、均衡评价和协同评价构成的大学生核心素质评价体系。

一、基于层次分析法的大学生核心素质水平评价

大学生核心素质报告书的目的就是让学生、家长、教师及用人单位等相关主体了解大学生素质状况，以便找出差距，有针对性地对其培养和提高，真正做到因材施教。要达到以上目的，就需要在对大学生核心素质精准测度的基础上，对其核心素质的水平进行评价，将测度过程中收集的信息转化为有价值的素质信息。

（一）大学生核心素质水平评价指标体系设计

大学生核心素质是适应终身发展和社会发展需要的必备品格和关键能力。[①] 在前期研究中，笔者构建了由 6 个一级指标（思想政治素质、专业素质、科学文化素质、创新创业素质、能力素质、身心素质）、15 个二级指标、44 个三级指标构成的核心素质模型，本书将以此为基础，构建大学生核心素质水平

① 《教育部关于全面深化课程改革落实立德树人根本任务的意见》，中华人民共和国教育部，2014 年 3 月 30 日。

评价指标体系。

（二）指标权重的确定

根据 1—9 的标度法，结合大学生素质实际发展状况，以及对收集的数据资料分析后，对层次结构模型中每一层的元素进行了两两比较。

判断矩阵的最大特征值和特征向量采用方根法计算，求得的特征向量就是各因子的权重排序。其计算步骤为：

（1）计算判断矩阵每一行元素的乘积

$$M_i=\prod_{j=1}^{j=n} a_{ij}\,(j=1,2,3\cdots n)$$

（2）计算 M_i 的次方根

$$W_i=\sqrt[n]{M_i}\ (i=1,2,\cdots,n)$$

（3）将向量归一化

$$W=[W_1,W_2,W_3,\cdots W_n]$$

其权重 $Q_i=W_i/\sum W_i$

（4）矩阵一致性检验

$$\lambda_{\max}=\sum_{i=1}^{n}\frac{(AW)_i}{nW_i}$$

$$CI=\frac{\lambda_{max}-n}{n-1}$$

当 $CR=\frac{CI}{RI}<0.1$ 时，检验通过。

（三）算例

下面以 10 名大学生的科学素质为例，演示如何对大学生核心素质水平进行评价。

1. 对素质的重要性进行两两比较

1 代表两者同样重要，2 代表一个因素比另一个因素稍微重要，3 代表一个因素比另一个因素明显重要；倒数表示两个因素 i 和 j，相比较，得到的判断值 $b_{ji}=1/b^{ij}$。

科学素质	科学精神	科学思维	科学知识
科学精神	1	1/2	1/3
科学思维	2	1	1/2
科学知识	3	2	1

2. 根据（二）中的计算公式计算三个素质的权重

$$y=\begin{Bmatrix}0.1634\\0.297\\0.5396\end{Bmatrix}$$

3. 调取 10 位同学的科学素质得分

指　标	学生 1	学生 2	学生 3	学生 4	学生 5	学生 6	学生 7	学生 8	学生 9	学生 10
科学精神	6	8	6	9	7	8	9	7	7	8
科学思维	6	7	7	8	8	8	8	8	8	7
科学知识	7	8	6	9	7	7	9	7	6	7

4. 计算素质水平

根据 10 位同学的得分及三个素质的权重，计算 10 位同学的科学素质水平。计算结果为：

同学	学生 1	学生 2	学生 3	学生 4	学生 5	学生 6	学生 7	学生 8	学生 9	学生 10
科学素质得分	6.539	7.703	6.297	8.703	7.297	7.460	8.703	7.297	6.757	7.163

由计算结果可以看出，10 位同学的科学文化素质排名为学生 4（8.703）= 学生 7（8.703）> 学生 2（7.703）> 学生 6（7.460）> 学生 5（7.297）= 学生 8（7.297）> 学生 9（6.757）> 学生 1（6.539）> 学生 3（6.297）。

二、基于信息熵理论的大学生核心素质均衡评价

（一）大学生核心素质均衡性评价内涵

大学生六大核心素质存在相互支撑、相互关联的关系，在结构、运行和功能性等方面都体现出系统性的特征。大学生的全面发展是在健康身心素质和思想道德素质的基础上，专业素质、科学文化素质、能力素质和创新创业素质获得协调发展，为参与社会活动，实现个人价值和社会价值奠定基础。大学生核心素质均衡性评价就是对大学生各项素质的水平进行对比分析，以找到大学生素质发展短板，为制定具有针对性的大学生素质提升方案提供依据。

香农在 1948 年将“熵”引进信息论，以信息熵作为信源平均不确定性的描述，[①] 信息熵理论开始应用于系统秩序性的测量，熵越大，说明系统信息多而复杂，系统均衡度就越高。大学生核心素质是由六大核心素质构成的系统，其系统存在的状态同样可以用熵来进行度量。

（二）大学生核心素质均衡评价实施步骤

1. 大学生核心素质数据的标准化

由于六大核心素质的内容不同，采取的测量工具和方法也存在较大差异，素质测量结果采用不同的单位进行计量，在对大学生核心素质均衡性进行评价前，需要对数据进行标准化处理。由于各个素质均为正向变量，因此，可以采取以下公式进行标准化：

标准化得分 =（原始得分 – 最小值）/（最大值 – 最小值）

2. 计算每一项核心素质的比重

以大学生每个素质的标准化得分为被除数，以大学生所有素质总得分为除数，计算每一项核心数值比重。

p_i = 某一项素质标准得分所有素质总得分

i=1, 2, ···, 6

显然，$\sum p_i = 1$

① Thomas M. Cover，Joy A. Thomas 著，阮吉寿等译：《信息论基础》，机械工业出版社 2005 年版。

3. 计算大学生核心素质信息熵

根据信息熵理论，计算大学生核心素质结构熵

$$J = \frac{-\sum_{i=1}^{n} p_i * \ln p_i}{\ln n}$$

由公式可以看出，0 ≤ J ≤ 1，J 值越大，说明大学生核心素质的均衡度越高；J 值越小，说明均衡度越小。

（三）算例

某高校的 10 名大学生各项素质的一级指标得分矩阵如下：

$$\begin{matrix} T_1 \\ T_2 \\ T_3 \\ T_4 \\ T_5 \\ T_6 \\ T_7 \\ T_8 \\ T_9 \\ T_{10} \end{matrix} \begin{bmatrix} 1 & 2 & 4 & 0.2 & 0.5 & 0.5 \\ 0.2 & 5 & 0.3 & 0.9 & 3 & 0.6 \\ 0.4 & 3 & 1 & 0.3 & 3.5 & 1.8 \\ 1.4 & 2.3 & 0.9 & 0.2 & 3.9 & 1.3 \\ 1 & 3 & 0.5 & 0.1 & 4.3 & 1.1 \\ 0.8 & 2.9 & 0.7 & 0.3 & 3.7 & 1.6 \\ 0.2 & 2.4 & 1.1 & 0.6 & 4 & 1.7 \\ 0.4 & 3.5 & 0.6 & 0.7 & 3.4 & 1.4 \\ 1.5 & 2.3 & 1.2 & 1.1 & 3 & 0.9 \\ 1.2 & 2.5 & 0.9 & 1.5 & 3.7 & 0.2 \end{bmatrix}$$

对各项数据进行标准化所得矩阵如下：

$$\begin{matrix} T_1 \\ T_2 \\ T_3 \\ T_4 \\ T_5 \\ T_6 \\ T_7 \\ T_8 \\ T_9 \\ T_{10} \end{matrix} \begin{bmatrix} 0.184 & 0.388 & 0.796 & 0.388 & 0.082 & 0.082 \\ 0.020 & 1 & 0.041 & 0.163 & 0.592 & 0.102 \\ 0.061 & 0.592 & 0.184 & 0.041 & 0.694 & 0.347 \\ 0.265 & 0.449 & 0.163 & 0.020 & 0.776 & 0.245 \\ 0.184 & 0.592 & 0.082 & 0.001 & 0.857 & 0.204 \\ 0.143 & 0.571 & 0.122 & 0.041 & 0.735 & 0.306 \\ 0.020 & 0.469 & 0.204 & 0.102 & 0.796 & 0.327 \\ 0.061 & 0.694 & 0.102 & 0.122 & 0.673 & 0.265 \\ 0.286 & 0.449 & 0.224 & 0.204 & 0.592 & 0.163 \\ 0.224 & 0.490 & 0.163 & 0.286 & 0.735 & 0.020 \end{bmatrix}$$

那么每一项核心数值比重矩阵如下：

$$p_i = \begin{matrix} T_1 \\ T_2 \\ T_3 \\ T_4 \\ T_5 \\ T_6 \\ T_7 \\ T_8 \\ T_9 \\ T_{10} \end{matrix} \begin{bmatrix} 0.096 & 0.202 & 0.415 & 0.202 & 0.043 & 0.043 \\ 0.011 & 0.521 & 0.021 & 0.085 & 0.309 & 0.053 \\ 0.032 & 0.309 & 0.096 & 0.021 & 0.362 & 0.181 \\ 0.138 & 0.234 & 0.085 & 0.011 & 0.404 & 0.128 \\ 0.096 & 0.309 & 0.043 & 0.005 & 0.447 & 0.106 \\ 0.074 & 0.298 & 0.064 & 0.021 & 0.383 & 0.160 \\ 0.011 & 0.245 & 0.106 & 0.053 & 0.415 & 0.170 \\ 0.032 & 0.362 & 0.053 & 0.064 & 0.351 & 0.138 \\ 0.149 & 0.234 & 0.117 & 0.106 & 0.309 & 0.085 \\ 0.117 & 0.255 & 0.085 & 0.149 & 0.383 & 0.011 \end{bmatrix}$$

根据信息熵理论，求得大学生核心素质结构熵结果如下（结果保留 3 位小数）：

$$J_{\mathrm{i}} = [0.840 \quad 0.669 \quad 0.813 \quad 0.837 \quad 0.737 \quad 0.822 \quad 0.811 \quad 0.810 \quad 0.941 \quad 0.842]$$

由计算结果可知，第九位同学的素质均衡度十分高，而第二位、第五位同学的均衡度较低，需要引起相关管理者和老师的注意，并采取一定的措施予以干预。

三、大学生核心素质发展协同评价

（一）大学生核心素质发展协同度的内涵

协同理论认为，任何一个系统都是由若干个子系统组成，这些子系统的相互影响与合作关系影响着系统的功能与发展。近年来，协同理论在多个研究领域得以广泛应用，而有关大学生核心素质协同研究尚属空白。鉴于大学生核心素质之间的密切关系，本书构建三者之间的协同度评价模型，并以 50 个大学生近三年的核心发展为例，进行评价分析。

（二）协同模型的构建

1. 选取序参量

序参量是协同理论的核心概念，影响着系统各要素由一种相变状态转化为另一种相变状态的集体协同行为，是大学生核心素质协同发生相变的最突出标志。假设大学生核心素质系统中某一子系统的序参量为：

$$e_{ij} = (e_{i1}, e_{i2}..., e_{in}) \quad （公式 1）$$

其中，i 为子系统，i=1 为思想政治素质子系统，i=2 为专业素质子系统，i=3 为科学文化素质子系统，i=4 为创新创业素质子系统，i=5 为能力素质子系统，i=6 为身心素质子系统。n 为子系统序参量的个数，其中，i=1 时，n=10；i=2 时，n=6；i=3 时，n=5；i=4 时，n=8；i=5 时，n=9；i=6 时，n=6。

序参量 e_{ij} 满足以下条件：

$$\alpha_{ij} < e_{ij} < \beta_{ij} \quad （公式 2）$$

α_{ij} 为序参量的下限值，可用某年最小值的 0.9 倍代替。β_{ij} 为序参量的上限值，可用某年最大值的 1.1 倍代替。

2. 确定子系统的有序度

由于本研究涉及的序变量均为正向指标，取值越大时，其子系统的有序程度越高，因此，各子系统序变量的有序度均可按以下公式计算：

$$U_i(e_{ik}) = \frac{e_{ik} - \alpha_{ik}}{\beta_{ik} - \alpha_{ik}} \quad （公式 3）$$

其中，$i \in (1, 2, 3, 4, 5, 6)$，$k \in (1, n)$

大学生核心素质六个子系统的有序度可按以下公式计算：

$$U_i(e_i) = \sqrt[n]{\prod_{i=1}^{n} u_i(e_{ik})} \quad （公式 4）$$

有序度越大，表明其子系统有序程度越高。

3. 大学生核心素质协同度计算

假设在初始时刻，大学生核心素质有序度为 $U^0{}_i(e_i)$，系统演化到 t_1 时刻时，其有序度为 $U^1{}_i(e_i)$。如果考察的子系统 $U^1{}_i(e_i) > U^0{}_i(e_i)$ 同时得到满足，则系统是协同发展的，否则系统则不是协同发展的，此时的协同度为 0。大学生核心素质协同度计算公式为：

$$c = \sqrt[n]{\prod_{i=1}^{n} [U_i^1(e_i) - U^0{}_i(e_i)]} \quad （公式 5）$$

其中，$c \in [0,1]$，c 值越大，表明大学生核心素质协同度越大。

（三）算例

某高校的一名大学生大学四年各项指标的指标数据如表 4—4 所示：

表 4—4 核心素质得分表

<table>
<tr><th rowspan="2">一级指标</th><th rowspan="2">二级指标</th><th colspan="4">得分</th><th rowspan="2">一级指标</th><th rowspan="2">二级指标</th><th colspan="4">得分</th></tr>
<tr><th>一年级</th><th>二年级</th><th>三年级</th><th>四年级</th><th>一年级</th><th>二年级</th><th>三年级</th><th>四年级</th></tr>
<tr><td rowspan="3">思想政治素质</td><td>思想素质</td><td>1</td><td>2</td><td>3</td><td>5</td><td rowspan="3">创新创业素质</td><td>创新创业意愿</td><td>2</td><td>3</td><td>3</td><td>4</td></tr>
<tr><td>政治素质</td><td>2</td><td>3</td><td>3</td><td>4</td><td>创新创业品质</td><td>1</td><td>2</td><td>2</td><td>4</td></tr>
<tr><td>道德素质</td><td>2</td><td>3</td><td>4</td><td>3</td><td>创新创业能力</td><td>1</td><td>2</td><td>3</td><td>4</td></tr>
<tr><td rowspan="3">专业素质</td><td>知识水平</td><td>3</td><td>4</td><td>4</td><td>5</td><td rowspan="3">能力素质</td><td>学习能力</td><td>2</td><td>3</td><td>4</td><td>4</td></tr>
<tr><td rowspan="2">技能素质</td><td rowspan="2">1</td><td rowspan="2">2</td><td rowspan="2">4</td><td rowspan="2">2</td><td>领导能力</td><td>1</td><td>2</td><td>2</td><td>4</td></tr>
<tr><td>管理能力</td><td>1</td><td>2</td><td>3</td><td>4</td></tr>
<tr><td rowspan="2">科学文化素质</td><td>科学素质</td><td>2</td><td>5</td><td>4</td><td>3</td><td rowspan="2">身心素质</td><td>身体素质</td><td>1</td><td>2</td><td>2</td><td>3</td></tr>
<tr><td>文化素质</td><td>1</td><td>3</td><td>4</td><td>5</td><td>心理素质</td><td>1</td><td>3</td><td>4</td><td>4</td></tr>
</table>

某高校的一名大学生大学四年各项素质的子系统序变量的有序度矩阵如下：

$$U_{\mathrm{i}}(e_{ik})=\begin{matrix}U_1\\U_2\\U_3\\U_4\end{matrix}\begin{bmatrix}0.022 & 0.239 & 0.239 & 0.457 & 0.022 & 0.240 & 0.022 & 0.240 & 0.022 & 0.022 & 0.240 & 0.022 & 0.022 & 0.022 & 0.022\\0.240 & 0.457 & 0.457 & 0.674 & 0.239 & 0.891 & 0.457 & 0.457 & 0.239 & 0.239 & 0.457 & 0.239 & 0.239 & 0.239 & 0.457\\0.457 & 0.457 & 0.674 & 0.674 & 0.674 & 0.674 & 0.674 & 0.457 & 0.239 & 0.457 & 0.674 & 0.239 & 0.457 & 0.239 & 0.674\\0.891 & 0.673 & 0.457 & 0.891 & 0.239 & 0.239 & 0.891 & 0.674 & 0.674 & 0.674 & 0.674 & 0.674 & 0.674 & 0.457 & 0.674\end{bmatrix}$$

因此，各子系统序变量的有序度矩阵如下：

$$U_i(e_i)=\begin{bmatrix}0.0012 & 0.0100 & 0.0052 & 0.0001 & 0.0001 & 0.0005\\0.0499 & 0.1612 & 0.4069 & 0.0261 & 0.0261 & 0.1092\\0.1405 & 0.4542 & 0.4542 & 0.0498 & 0.0736 & 0.1612\\0.2742 & 0.2131 & 0.4069 & 0.3061 & 0.3061 & 0.3077\end{bmatrix}$$

根据公式 4，求得该名大学生大学四年的核心素质协同度矩阵如下：

$$C=\begin{bmatrix}0.078 & 0.159 & 0.294\end{bmatrix}$$

从协同度计算结果可以看出，这名大学生的协同度逐年提高。但总体协同度水平还不是太高，协同度水平不是特别高的原因是专业素质和科学文化水平未能逐年获得有效提升，具体体现为道德素质、技能素质、科学素质未能获得逐年提升，这需要引起学校的高度关注。

第四节　大学生核心素质测评过程

一、测评方案设计的总体思路

大学生核心素质测评的最终目标是通过测评了解大学生核心素质的现状，发现大学生核心素质的薄弱环节，为教育教学改革和改善提供方向，从而提升大学素质教育的水平。因此，大学生核心素质测评的总体思路是：通过定性与定量相结合的方法，对大学生的思想政治素质、专业素质等六大素质系统地、客观地进行测量和评估，发现并鉴定大学生适应未来岗位要求的综合素质，以及具备这些素质的程度，为学校改善教育教学方法，为家长了解学生素质提升程度和为用人单位进行人才选拔提供决策依据。

二、测评的工作流程

实施素质测评是一项比较复杂的系统工作，需要制定合理周全的工作流程，以保证测评的顺利进行。制定测评流程要考虑测评的目的、测评对象、时间安排、成本等多种因素，结合学生实际合理安排，按照先易后难、先测后评的顺序进行，尽量不影响教学工作的正常开展。

（一）准备阶段

1. 明确测评目的，统一思想认识

测评活动围绕测评目的展开，测评的目的明确与否直接影响到测评的效度，即测评结果与测评目的的相关度。大学生核心素质测评与应用涉及教师、学生、家长、学校管理者等诸多主体，因此，需要广泛沟通，达成共识，取得一致意见。

本研究在征求了教师、学生和家长意见基础上，结合大学教育教学特征和大学生素质特点，提出大学生核心素质测评需要达到以下目的：（1）使大学生通过核心素质测评能够更好地认识自己，以便在以后的学习中得以改进和提高；（2）使教师能够对大学生核心素质进行全面公正的评价，为学校教学方案的设计与调整，为教师教学方法和教学重点的改进提供客观、翔实的参考依据；（3）使家长能够认识到学生素质变化的过程，认识到大学教育的价值与作用；（4）使用人单位能够全面地看待学生素质状况，为人才选拔提供依据。

2. 组建领导小组，制订工作计划

领导小组一般由校领导、学生处领导和学院领导构成。领导小组共同讨论和制订大学生核心素质测评的工作计划，内容包括：测评的主要工作、各单位的分工和协作、主要工作的时间进度、注意事项等。

3. 广泛进行宣传动员

大学生核心素质测评涉及学生、教师、教育管理者等诸多主体，在学生中、家长中必将引起广泛关注。因此，有必要在开展正式测评前，对学生、教师进行宣传发动，明确测评目的，取得学生、教师和教育管理者的理解和支持。

宣传的方式主要有广播、宣传栏、展板及学校内部网站。宣传内容主要有：大学生核心素质测评的目的、要求和安排，号召广大师生积极配合、支持，听从安排，服从调度，积极参与，确保测评工作健康、有序、顺利进行。

（二）实施阶段

1. 测评实施人员培训

能否获取正确可靠的测评结果取决于测评人员能否正确理解测评的目的，能否恰当地布置测评场所，能否正确地使用各项测评工具，能否正确记录测评者的反应。大学生核心素质测评是一项技术性较强的工作，需要进行适当的培训，使测评实施者掌握一定的测评技巧和方法，使他们清楚各自的工作和各阶段与整体目标之间的关系，使他们明白在特定的时候应该做什么和怎么做，通过培训促进他们有序高效地完成各项测评工作。

2. 安排测评场地、时间

测评者根据测评方法的需要安排合适的测评场地。比如，将心理测评、知识类测评等需要计算机的测评选在机房进行，而面谈测评、无领导小组等测评选在会议室进行，身体素质测评选在操场进行。由于每位学生需要参加多项测评，学校学生人数又较多，因而为确保测评活动的有序进行，必须做好测评时间与场地安排表。

3. 准备测评需要的资料

测评前应准备好必要的白纸、笔等必要的文具，还需要准备好面谈提纲、调查问卷和评分表等文件资料，计时器、肺活量计等必要的仪器，以及必要的测评软件、电脑、打印机等设施。

4. 实施测评注意事项

（1）采用并遵守标准化的指导语。

指导语是在测评过程中说明测评进行方式，以及如何回答问题的指导性语言。大学生核心素质测评的指导语主要有两种：一种是对受测者的，主要是对测评过程的细节作进一步解释，包括场地设置、材料的准备、计时计分原则及如何应对意外情况等，目的是保证测评情景的一致性；另一种是给测评主试人员的，包括选择反应方式（画圈、打钩、填数字、口答、书写等）、如何记录这些反应（答卷纸、录音、录像等）、时间限制、计分的方法等，目的是减少测评的误差。测评双方只有严格遵照指导语执行，才能保证测评效果。

（2）确定恰当的测评时限。

大学生核心素质测评既要考察被试反应的速度，也要考察解决有较大难度题目的能力，涉及的测评工具和方法也较多。不同类别的测评方法所花费的测评时间不相同。具体的测评时间应该挑选能够完全发挥受测人员智慧和能力的时间段。比如，中午时段人容易犯困，身心比较疲劳，不适宜安排测试。此外，在测评实施前，要合理安排测评的先后顺序及时间间隔，确定合适的测评时间。

（3）创造适宜的测评环境。

测评环境的选择对测评效果有重要影响。对环境的选择主要考虑测评现场是否适合被试者完成所测任务事项。如果测试环境通风设备不好、空间狭小、嘈杂、光线不好，容易使人心情烦躁、反应迟钝、易疲劳、影响思考。所以，测评时要让被试者在场地较宽阔、光线充足、安静的环境下开展测评，如此才易使其注意力集中、思维敏捷，从而提高测评的准确性。此外，测试的人文环境也很重要。主试人的态度要体现出温和性和支持性，让被试者舒展心情，轻松应对。

（三）分析处理阶段

1. 数据收集处理

数据收集整理就是将实施测评过程中的相关信息及可能对测评产生影响

的细节记录下来，汇集成有用的测评信息，作为决策的辅助材料。由于每种测评方法都是针对相应的测评指标进行的，所以，信息处理的第一步就是将各项测评指标得分进行归集得出分项得分。获得了单项指标得分后，就可以按照预定的权重计算出总得分。需要注意的是，实施过程中获得的测评信息不是百分之百准确的，而且常常会出现不同测评方法获得的信息相互矛盾的情况，这时就需要在信息处理过程中进行适当修正。

2. 数据分析

通过定性和定量方法对数据进行整合，根据整合后的数据由测评者撰写测评报告。测评报告的撰写需要由参与测评的专家共同商讨、统一标准、统筹定稿，从而保证测评报告的格式统一性和结论的准确性。

测评报告主要有两种：一种是单个学生的核心素质测评报告，主要是对该学生的素质结构、素质水平进行的描述；另一种是学校所有大学生的整体素质报告，主要是对大学生素质整体水平、整体结构进行的描述。

本章小结

素质测评是大学生核心素质报告书制度的重要组成部分，是检验教育生态场对大学生核心素质浸润效果的重要手段。本章按照从理论到实践的行文思路，首先研究了素质测评方法选择的依据，为素质测评方法选择奠定了理论基础；然后从素质表现形式出发，构建了由客观测量方法（包括仪器测量法、笔试测量法、量表测量法）及主观测量方法（综合评价法、关键事件法、扎根理论法）构成的测量方法体系；再者，本书研究从全面发展理论的内涵出发，构建了由水平评价、均衡评价和协同评价构成的大学生素质评价体系；最后给出了大学生核心素质测评实施步骤。

第五章

大学生核心素质报告书信息平台设计

管理是一个复杂的活动过程。因为复杂，管理需要设计；因为复杂，管理需要集成；因为复杂，管理需要测量；因为复杂，管理需要制度平台。大学生核心素质报告书制度是根据大学的根本任务设计出的一个能集成、可供测量的制度平台。

第一节　大学生核心素质报告书信息平台建设的背景及总体构想

一、平台技术背景

2010年以后，伴随着云计算、物联网、移动网络及大数据技术的兴起，新一轮的信息化革命随即产生。尤其是大数据技术在短短的几年时间内，从概念到理论基础再到技术体系和实际应用，已经在多个行业领域形成了成熟的解决方案，成为业内的主流技术体系。大数据的兴起，部分是因为计算能力可用更低的成本获得，且各类系统如今已能够执行多任务、分布式处理。其次，随着内存、存储和单体处理器的成本直线下降，可以在内存中处理比以往更多的数据，而通过网络能够越来越简单地把计算机聚合成服务器集群。也正是由于这三大因素的结合，通过廉价而且可线性扩展的硬件架构，逐步催生了大数据处理技术的兴起。

大数据技术主要解决的技术问题和能力范围，如图 5-1 所示：

1. 采集与捕获

集中实现定向、多源各类复杂结构的数据采集（如结构化数据库、文本数据等），同时兼具动态数据自动捕获的能力（如微博信息爬取、路由日志捕获等），为后续数据分析提供支撑。

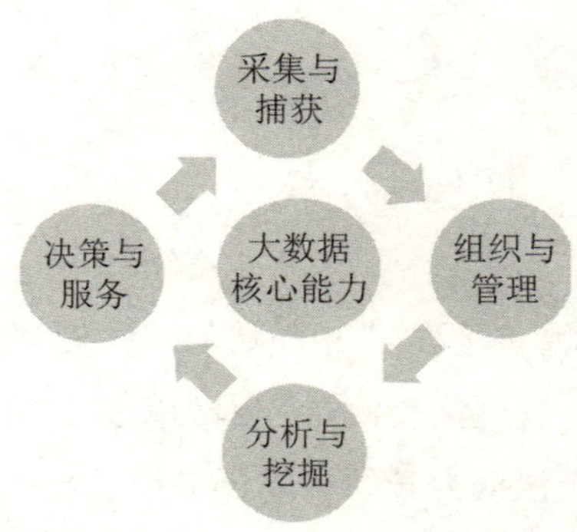

图 5-1　大数据技术核心能力

2. 组织与管理

通过分布式架构，完成大数据存储和数据仓库存储体系，提供质量管理、存储监控等辅助能力，提供数据访问和数据查询接口，为后续数据可持续积累和应用提供基础支撑。

3. 分析与挖掘

基于统计学，通过数据挖掘技术提供数据分析和挖掘能力；针对业务应用场景，结合海量数据存储，制定符合需求的数据分析模型，输出数据分析结果，供最终数据服务使用。

4. 决策与服务

通过统一的数据服务平台，对最终用户输出各类数据应用，达成大数据技术的最终诉求，实现大学生核心素质信息平台和相关数据服务。

二、平台建设目标

（一）业务目标

根据国家、教育部的相关指导意见，以全方位、立体化、数据化的测评方法为指导思想，大学生核心素质评价系统将以数据为核心，通过更加科学和客观的评估方式，为学生定制核心素质画像，最终实现因材施教、精准关爱的学生管理目标。

1. 思想政治素质

思想道德评价维度将以学生的政治表现、道德修养、法纪观念作为评价指标，以思想道德相关课程的成绩数据作为核心，引入校内论坛、社会媒体敏感词判定技术，结合一卡通、门禁数据，综合评定政治理论水平、政治态度、人生观、价值观、社会观；以学校社团活动数据、学生违纪及奖惩数据为核心，综合评定文明程度与遵守社会公德、校规校纪的程度。

2. 专业素质

以学习成绩、等级考试成绩、科研及教学获奖情况、社会实践活动情况、图书借阅、电子资源使用情况、学生出勤及教学参与度（如评教、选课、学籍异动等数据）相关数据作为核心，综合评价学生的专业能力、动手实践能力、科研创新能力、应用能力及学习态度。

3. 创新创业素质

以社团活动数据、学生图书借阅与电子资源访问数据、社会实践数据、网络行为数据作为数据支撑，同时结合调研问卷、学生互评等信息，综合评价学生人文社会知识情况、社会工作及社会实践能力。

4. 身心素质

以体检数据、体育课程数据、心理测评数据及网络行为数据作为核心依据，综合评定学生身体健康情况、体育运动水平、心理健康状况、个人卫生习惯等身心素质指标。

（二）技术目标

为了保障核心业务目标的实现，大数据综合素质评价系统的建设需要具备以大数据技术为核心的多项系统能力，主要包括大数据处理能力、数据治理能力和应用扩展能力。

1. 大数据处理能力

通过建设大学生核心素质大数据服务平台，利用分布技术架构和模式，构建与具体业务耦合的中间性的大数据存储、管理、统计、分析和挖掘平台。利用大数据平台，通过资源的线性扩展，可以实现TB级数据离线分布式处理、PB级数据的存储管理，实现大容量数据的快速计算。

平台的核心功能主要体现在：大数据采集处理能力：实现异构数据的存储、采集、汇聚；大数据存储管理能力：支持结构化和非结构化数据混合存储；大数据运行监控能力：实施监控大数据平台运行状况，实时监控管理，保障平台稳定；大数据分析挖掘能力：通过线性扩展保障海量数据的查询、计算机数据挖掘效率，支撑综合素质评价系统的上层数据应用。

2. 数据治理能力

通过大数据平台的建设可以实现海量数据的采集、存储和计算。与此同时，为了保障数据体系的可扩展和可管理性，需要引入数据治理、信息标准管理等主数据管理理念，通过打造完善的数据管理体系、数据标准体系和数据治理体系，保障未来学生核心素质信息平台的底层健壮性、应用可扩展性以及核心数据的规范性、准确性、安全性。

数据治理能力主要由元数据管理、信息标准管理、主数据管理、集成工具、历史数据管理、数据质量管理、数据脱敏管理、数据服务管理、数据访问及运行监控等一系列系统能力组成，通过数据治理工具及实施的形式，充分结合数据集成、数据治理的实施方法，为大学生核心素质信息平台的基础数据建设、基础数据采集提供完善闭环的体系。

3. 应用扩展能力

大学生核心素质信息平台是一项长期的、分阶段建设的项目，各类数据分析和学生数据管理应用需要根据项目推进周期和阶段性任务规划，进行统一管理、分步建设。因此，在建设过程中需要对应用建设的架构进行合理规划，通过数据与应用层的融合，依据信息标准和数据模式，采用微应用、微服务的快速开发构建模式，可扩展的构建学生核心素质信息平台的各类应用及数据分析服务。

三、总体思路和原则

（一）建设思路

1. 重视数据

学生核心素质信息平台将充分利用大数据等先进技术，建立统一、权威的学生数据中心，用最客观的数据作为评价基础，通过制定相关数据资源标准化采集管理和综合性数据应用分析平台，对大学生核心素质相关数据资源进行广泛采集、全面整合和深入分析。

分步建设需要涉及学生各个方面的数据，主要数据来源包括：学生基础数据（基本信息、入校信息等）、学生学业数据（学工、教务、图书借阅等数据）、学生在校行为数据（获奖、上网、一卡通刷卡等）、调研问卷数据（心理调研、就业调研、校友调研等）、填报数据（评教数据、学生互评数据等）。在逐步完善数据源采集的同时，形成高校学生数据仓库，将大学生核心素质信息平台逐步建成可持续的、可扩展的核心数据应用系统。

数据的采集工作是长期的过程，包括对于数据质量的梳理、数据标准的管理等。经过数据汇聚编辑，逐步形成学校的学生主题数据库，如图 5—2 所示：

图 5—2　学生主题数据库

类似上述数据都分布在各个高校的各个业务管理系统、各类机器数据日志、互联网数据日志等，数据之间缺乏统一的数据标准和数据应用模式，这些问题都需要在项目进行中通过数据治理等手段逐渐完善。就数据本身而言，对于学校和教育教学管理都是宝贵的财富，我们要充分利用现有的数据，同时纳入更多的数据源，真正构建完善的数据生态圈。

2. 集成数据

为了实现教育管理（含大学生核心素质信息平台）信息化过渡到智慧化

的目标，引入大数据的体系是关键性的一步。以往的教育信息化模式是以业务为导向，流程运转沉淀下来大量的业务数据，如一卡通系统、学籍管理系统、高校教务系统、学工系统等。这些数据的特征鲜明、结构单一，是目前教育体系的核心数据资产，也是大数据实施的基础。这类数据的存储普遍采用传统的关系型数据库，如 Oracle、SQLServer 等，以单个应用为主题进行设计，如一卡通、教务、学工、科研、人事、财务、资产、图书馆等系统中都有记录与学生相关的数据，只是记录的维度不一样。要实施综合素质测评类的应用，则需要将这些数据综合利用起来，从单维数据变为多维数据，以支持复杂的数据分析与调取。

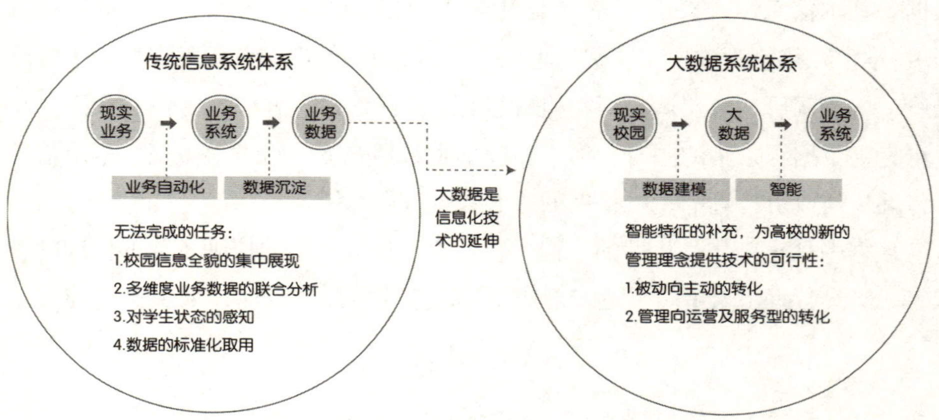

图 5—3　大数据技术是教育信息化体系的延伸

图 5—4　可利用的数据源

在大学生核心素质信息平台的建设过程中，无须关注数据到底有什么价值，只要是客观的、与学生相关的数据都海纳百川地进行汇聚整理，最终在某些细节评价标准的制定过程中会发现数据的价值。

3. 统一标准

通过建设大学生核心素质信息平台，统一规划各类学生数据、业务数据、行为数据和信息标准数据。通过元数据管理、信息标准管理、主数据管理、集成工具、历史数据管理、数据质量管理、数据脱敏管理、数据服务管理、数据访问及运行监控等一系列数据治理功能，打造稳定的底层标准管理支撑平台，通过数据治理工具及实施的形式，充分结合数据集成、数据治理的实施方法，为大学生核心素质信息平台的基础数据建设提供完善闭环的体系。

通过统一标准建设能够更好地保障综合素质评价手段的传递和执行，也能够更好地实现各个数据源的数据聚合，同时，为未来更好地扩展更多的评价指标、为学生服务打下坚实基础。

4. 开放应用

大学生核心素质一直以来都是一个社会化的众智课题，需要在实践过程中不断融合汇总各方面意见和建议，不断优化和扩展核心素质评价相关应用、指标及管理体系。因此，只有通过开放的应用架构、可扩展的应用开发体系，才能够在统一平台、统一标准、统一数据的基础上，安全开放数据使用权限，引入更多的智慧成果，使系统不断完善，不断合理，不断智能。

（二）建设原则

1. 业务原则

（1）发展性原则。

评价以促进学生发展为目标，定性与定量评价相结合，注重过程评价，关注学生成长，正确发挥评价的导向功能，为学生终身发展奠定基础。

（2）全面性原则。

全面贯彻党的教育方针，从德、智、体等多方面综合评价学生的发展，突出学生基本素质的培养与形成，体现“知识与技能、过程与方法、情感态度价值观”三个维度的整合，促进学生素质的全面和谐发展。

（3）激励性原则。

评价要最大限度地调动学生的积极性，肯定成绩，表彰先进，树立榜样，使学生发扬优点，改正缺点，让评价成为激励学生不断发展的动力。

（4）科学性原则。

评价要遵循教育规律与学生身心发展规律，建立科学的评价体系，运用科学的评价方法，既反映学生学业成绩，又彰显学生的个性、特长和发展潜能。努力获取学生德、智、体等多方面素质的全面信息，关注学生的个性差异及特长发展，扩大评价的涵盖面。

2. 技术原则

（1）可行性和适应性。

平台要保证系统软件和实施方案的可行性，适合学校信息化建设的实际情况，满足上层应用的实际需求，并具备对环境变化的适应性。

（2）前瞻性和实用性。

平台的实施要充分考虑系统今后的延伸，最终形成与学校各业务系统、各数据源头紧密连接的综合素质评价系统。与此同时，项目的实施过程应始终贯彻面向应用、注重实效的方针，注重数据服务。

（3）先进性和成熟性。

平台既要采用先进的管理理念、信息技术和方法，又要注意软件系统、硬件设备、开发工具的相对成熟。不但能反映当今的先进水平，而且具有发展潜力，能保证在未来五年内占主导地位，并能顺利地过渡到下一代技术。要符合行业信息化发展的趋势，可以适应未来较长时间的发展。

（4）开放性和标准性。

平台必须充分考虑其开放性和标准性，也就是要考虑到各系统间数据传递和接口开发的可实现性。

（5）可靠性和稳定性。

在考虑技术先进性和开放性的同时，平台还应从系统结构、技术措施、设备性能、系统管理、厂商技术支持及维修能力等方面着手，确保系统运行的可靠性和稳定性，达到最大的平均无故障时间。

（6）安全性和保密性。

平台既要考虑信息资源的充分共享，又要注意信息的保护和隔离。因此，系统应分别针对不同的应用和网络通信环境，采取不同的措施，包括系统安全机制、数据存取的权限控制等。

（7）可扩展性和易维护性。

为了适应未来的业务拓展和项目的变化要求，平台必须充分考虑以最简便的方法、最低的投资，实现软件系统的扩展和维护。

（8）分期建设原则。

平台涉及了学生的基本信息、在校信息、社会信息、行为信息等多方位的数据资源，系统本身也存在管理、数据分析等全方位的诉求，通过分期建设逐步体现建设成效，稳扎稳打地保障平台的可持续发展。

第二节　大学生核心素质报告书信息平台的系统设计

大学生核心素质信息平台系统坚持形成性评价与终结性评价相结合，以日常评价、学生大范围海量数据为基础，力求内容全面、客观，程序科学、规范，关注学生的全面协调发展，关注学生的特长和潜能，发挥评价促进学生发展的功能，建立科学的学生发展性评价体系。通过评价，使学生不断认识自我、发现自我、完善自我，实现教育教学预定目标，提供更精准的关爱和指导，促进学生综合素质不断提高。

在系统设计层面，大学生核心素质信息平台核心模块以学生全方位的评价指标为系统的功能设计主线，以多级指标所对应的数据获取、数据计算、数据挖掘模型为核心技术点，逐步丰富评价体系和数据分析、可视化主题，将客观、本色的学生数据作为学生评价工作最重要的依据，同时结合互评、自评、师评等评价数据使评价工作更科学、更全面。

一、系统架构

（一）逻辑架构

根据国家、教育部的相关指导意见，以及上述的系统总体建设目标、建设思路，大学生核心素质报告书制度信息平台的设计将以全方位、立体化、数据化的测评方法作为指导思想。大学生核心素质报告书制度信息平台将以数据为核心，通过科学和客观的评价方式，为学生定制核心素质画像，最终实现因材施教、精准关爱的学生管理目标。

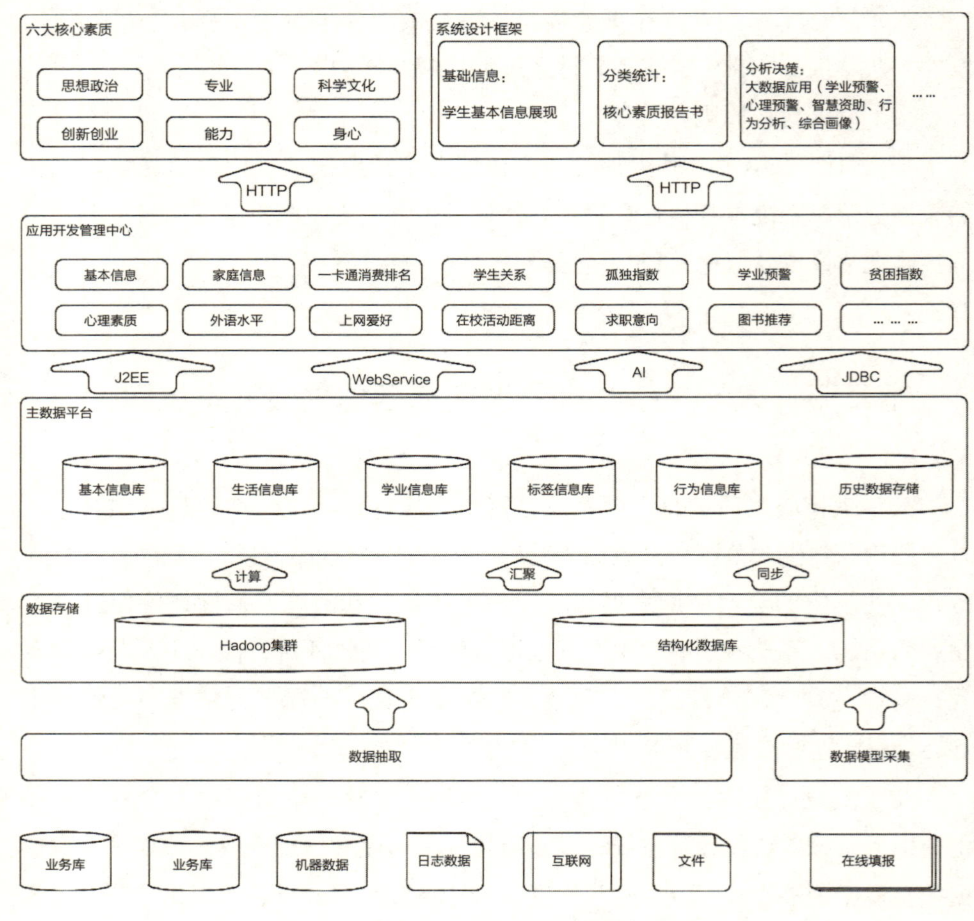

图 5—5　平台逻辑架构

（二）技术架构

系统以大数据技术为核心，通过大数据底层数据存储能力、各类数据采集能力、分布式计算能力，面向前端应用提供数据支撑。学生综合素质评价业务管理将以大数据平台所输出的数据作为素材，通过可视化手段、人工智能（数据挖掘）、商业智能等前端技术，通过制定考核标准、数据应用规则等，实现数据的二次利用，为综合素质评价输出客观的评分。系统核心技术架构如下：

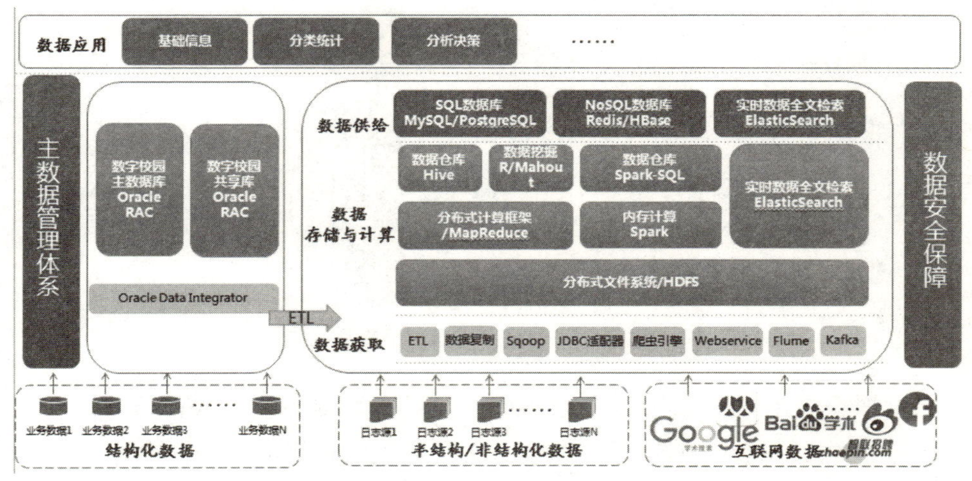

图 5—6 平台技术架构

二、数据采集

（一）填报数据采集

首先，针对学生涉评数据中无系统数据源头的数据，我们可以分为互评、自评、教师评价三类需手工录入的数据，针对这部分数据系统采用 Excel 模板分类采集，以及提供在线手工录入与审核功能。所有数据都归口学生主数据中心，进行统一的主数据管理。

其次，部分无数据源头的基础数据、生活类数据，如家长信息、联系方式、电子邮箱等，将在学生个人数据中心统一进行数据建模，然后提供在线填报模板，由师生进行在线录入。

最后，针对其他无源头数据源，系统能够提供统一的数据录入和上报界面，在保障数据采集安全稳定的情况下兼顾权限及业务审批流程，保障系统可持续性。

（二）高校业务系统数据采集及处理

为了精准评价、精准指导和精准跟踪的建设目标，我们需要打通校内涉及学生管理的各业务系统数据，将数据以学生为单位，构建学生的个人在校数据中心。数据中心的数据能够为本次学生综合素质评价做数据支撑，同时也可以在未来扩展各类学生服务及相关应用（如精准资助、学生办事服务、自动生成简历等）。

➢ 业务系统数据采集

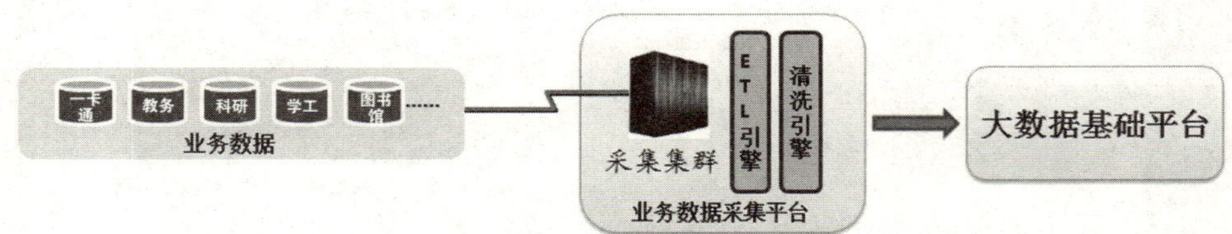

图 5—7 打通业务数据原理图

针对学校的学工系统、教务系统、一卡通系统等业务数据，通过 ETL 技术实现各异构数据源的数据汇聚，充分利用学校当前已建的共享数据中心数据，定期或实时完成业务数据的集成工作。为了确保对原有业务系统不产生大的影响，需要根据各个业务系统的运行情况制定数据采集策略，一般对于实时性要求不高的数据采取在系统空闲期间抽取数据；而对于实时性要求很高的数据，则采取增量同步的模式减少每次同步的数据量，增加同步的次数。

ETL 工具通过 GUI 管理，具备良好的图形界面支持，可以快速开发数据采集及交换接口。支持面向数据、面向事件、面向服务的集成，支持批量、Real Time、同步、异步集成，为数据采集提供了最大的灵活性和便利性。

（三）日志数据采集及处理

1. 日志数据采集

校内机器日志数据（如 POS 机、无线 AP 探测数据、门禁刷卡数据等）、网络日志数据（网络流量数据）是客观反映学生生活及行为爱好的重要数据源头。该部分数据与学校传统业务系统数据相比，具备如下特征：

第一，数据量大，同时数据变化频繁，一天的网络日志数据压缩后往往超过 50G，一卡通刷卡流水数据每天也会超过百万条。这样的日志数据对于采集能力、系统硬件支撑等都提出了不小的挑战。

第二，日志的格式不统一，有各类 txt、csv、syslog，还有数据库形式的日志。针对不同的日志格式，需要进行快速的识别和捕获。

第三，日志本身并没有任何业务意义，需要将日志与学校基本信息数据做对接。比如，某个 IP 就需要通过日志分析，定位到某一个学生。

综上所述，日志的数据采集和处理难度是远远超过填报数据采集、高校业务系统数据采集的，需要通过大数据平台专门的日志处理技术体系进行支撑。

2. 日志数据处理

以无线 Wi-Fi 日志数据为例，说明日志数据主要的数据处理流程：

（1）数据格式化。

当我们拿到原始数据之后，需要先观测一部分样本数据，根据数据的特征对数据进行初步的分解和格式化。

（2）数据清洗。

通过第一步的数据标准化，对于数据展示的内容和维度已经有了比较直观的了解，那么这些数据哪些是我们所需要的，哪些是不需要的，需要我们根据业务的需求对数据作进一步处理，符合业务需求的数据保留，对与业务无关的数据进行过滤，这个过程也可以称为“去噪”。

（3）数据标签化。

通过数据清洗，我们对数据进行了初步筛选，那么剩下的这部分数据是业务分析和处理所需要的。在本项目中，针对日志类型的不同，其记录的信息也不同，如用户的认证信息（含学号）、用户下线时的 IP 地址、MAC 地址、上网的总时间等信息。

针对这些情况，我们需要建立一个公共的数据模型来存储这些信息（行为信息库和标签信息库），同时对清洗的数据进行标签。数据标签化的过程即是数据的机器识别处理过程，之后的数据利用、数据分析必须要建立在数据标签化的基础上才能完成数据的统计和分析。

（4）数据归并及计算。

数据归并的过程，即对各个子业务系统中的数据进行整合，将以某个对象为主题的所有数据全部整合到一起，方便后面的数据调取。在传统的关系型数据库的数据模型设计中，要求尽可能按照第三范式来进行，尽可能减少数据的冗余，提升数据检索的效率，这是因为传统的关系型数据库是按照统一的数据存储进行设计的，所以数据的冗余度越低，数据量越小，检索的速度越快，但与此同时带来的则是要对数据表进行烦琐的连接才能获取我们所需要的多个维度的信息。大数据平台天然的分布式存储特性则决定了数据的冗余度越高，数据检索的效率越快，这一点与传统的数据平台是截然不同的。

最终的可视化输出可根据数据的类型和实际需求进行调整，通过丰富的图形展现方式可满足我们的需求。

3. 互联网数据采集及处理

对高校外部互联网数据的采集方式分为两种：一种是通过与互联网公司的深度合作以 API 授权的形式直接获取；另一种是通过爬虫引擎进行数据的采集。通过对外部非结构化数据的清洗处理，转换成结构化数据，统一存入大数据平台中。

目前，与智慧资助相关的互联网数据主要是各类网络新闻数据采集分析，微博微信舆情分析，知乎、豆瓣、天涯等公共社区话题分析，各高校及省级教育机关百度贴吧信息等。针对上述信息来源，均可通过弹性爬虫的方式实时或 T+1 完成数据采集。

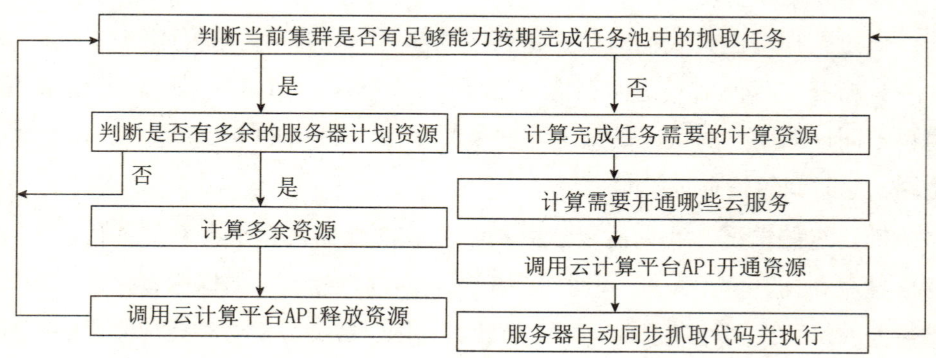

图 5—8 弹性爬虫引擎体系

另外，可提供可视化的互联网数据采集接口，可针对需求定制任务，面向新闻门户、论坛、视频网站、电商网站、图片网站、问答、社交媒体、博客、招聘网站等采集互联网数据。

三、数据存储与计算

根据数据的规模和类别，可将数据计算分为离线的数据处理和在线实时数据处理。其中离线数据处理，即采用传统的 Hadoop 的 MapReduce 计算方式，通过大量廉价的硬件服务器分解海量的数据到单个节点进行计算，之后将结果汇总给客户端。

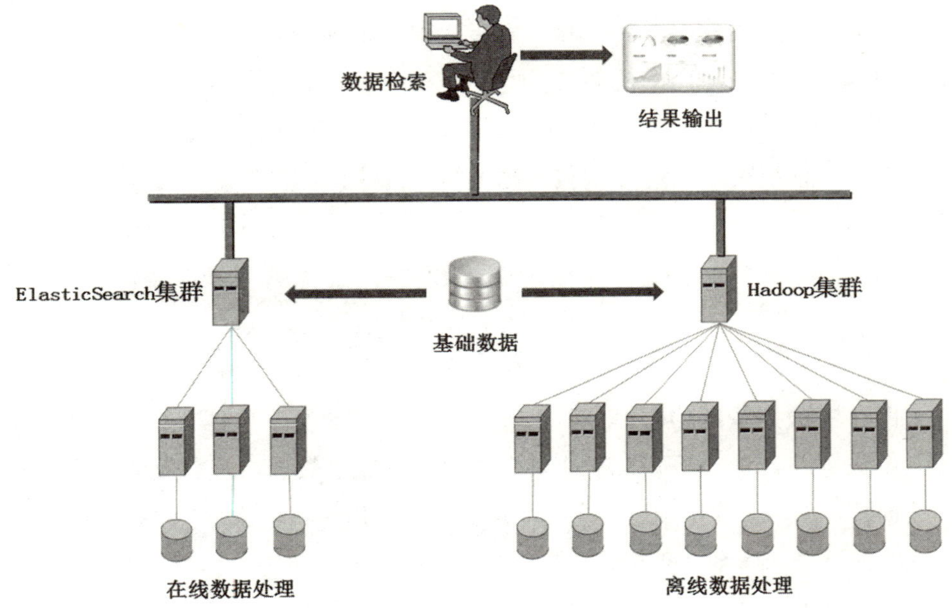

图 5—9　数据计算框架

数据存储采用 Hadoop 的 HDFS 分布式文件系统。HDFS 是一个主从结构，一个 HDFS 集群是由一个名字节点，它是一个管理文件命名空间和调节客户端访问文件的主服务器，当然还有一些数据节点，通常是一个节点一个机器，它管理对应节点的存储。HDFS 对外开放文件命名空间并允许用户数据以文件形式存储。

内部机制是将一个文件分割成一个或多个块，这些块被存储在一组数据节点中。名字节点用来操作文件命名空间的文件或目录操作，如打开、关闭、重命名等。它同时确定块与数据节点的映射。数据节点负责来自文件系统客户的读写请求。数据节点同时还要执行块的创建、删除和来自名字节点的块复制指令。

HDFS 文件块放置策略在最小化写开销和最大化数据可靠性、可用性及总体读取带宽之间进行一些折中。默认的复制因子为 3，HDFS 的副本放置策略是将第一个副本放在本地节点，将第二个副本放到本地机架上的另一个节点，而将第三个副本放到不同机架上的节点。这种方式减少了机架间的写流量，从而提高了写的性能。机架故障的概率远小于节点故障。这种方式并不影响数据可靠性和可用性的限制，并且确实减少了读操作的网络聚合带宽，因为文件块仅存在两个不同的机架上，而不是三个。文件的副本不是均匀地分布在机架当中，1/3 在同一个节点上，1/3 副本在同一个机架上，余下 1/3 均匀地分布在其他机架上。这种方式提高了写的性能，并且不影响数据的可靠性和读性能。

而对于一些即时性要求比较高的数据，比如日志类别的，需采用 ElasticSearch 集群来进行实时处理，并将结果反馈给客户端。

四、主数据管理中心

主数据综合管理中心在本项目中是数据存储、数据治理、数据利用的核心数据管理中心，在本项目中主要采用主数据管理平台搭建学生个人数据中心和综合评价指标体系，所有的业务数据、数据应用维度的元数据、数据内容都由主数据管理中心统一管理，为后续系统升级、应用扩展、数据范围变广等一系列可变因素做好铺垫。

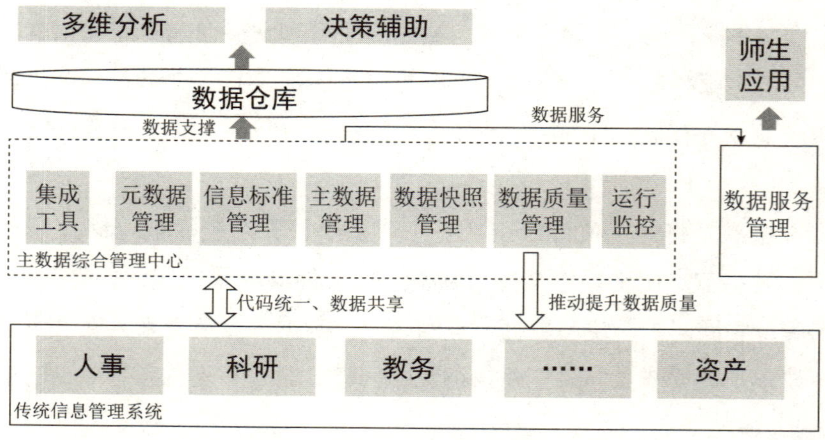

图 5—10　平台架构示意图

主数据综合管理中心由元数据管理、信息标准管理、主数据管理、集成工具、数据快照管理、数据质量管理、数据服务管理、运行监控等一系列工具组成。这些工具将充分结合数据集成、数据治理的实施方法，为学校的基础数据建设提供完善闭环的体系：利用主数据管理平台中的元数据管理工具进行校内数据资产的盘点和梳理，将数据予以清晰化，便于日常维护及管理；利用主数据管理平台中的信息标准管理工具对校内全局标准做动态的调整（日常运维）；利用主数据管理平台中的数据集成工具，实现校级主数据的汇集和数据孤岛的通信；利用主数据管理平台中的数据中心管理工具，可以将集成后的数据做一个明细的查看，同时可以根据二级权限的下发，面向业务部门对线下数据进行在线集成工作；利用主数据管理平台中的数据质量管理工具，将主数据中心的主数据进行质量检测，检测规则可以自定义扩展，平台将自动化捕获“异常”数据，可以通过明细报告反馈至业务源头部门，推动质量的提升；改善后的数据将再次进入主数据中心，由此达到数据治理的目的；利用主数据管理平台中的数据快照工具，将校级主数据中心的主数据推向数据历史仓库，将为多维数据分析挖掘、辅助管理与决策提供数据支撑；利用主数据管理平台中的数据服务工具，可以将主数据中心的主数据发布成数据服务接口，以标准 Web Service 协议的方式提供第三方使用，以实现快速、便捷的主数据按需调用；利用主数据管理平台中的运行监控工具，对整个平台及数据集成、治理服务的过程进行有效监控，及时发现问题并预警，减少故障发生概率及响应时间，最大限度地保障主数据建设全过程的健康稳定。

五、系统设计框架

（一）数据集成模块

根据我校大学生核心素质报告书制度的设计，围绕六大核心素质构建我校的信息平台。每个核心指标下有两层分指标体系，指标的核心原则是通过客观数据来体现和测评，具体涉及数据会在项目实际执行过程中逐步量化、逐步完善。

1. 思想政治素质

思想政治素质是大学生应具备的首要素质，具有方向性和动力性，包括思想素质、政治素质和道德素质。根据比较确定法，我们确定主要测评学生的责任意识、组织纪律和道德素养。责任意识的主要观测点为责任心、集体观念和担当意识；组织纪律主要考查学生有无违纪情况，这里需要说明的是，如学生无明显违纪记录，此条则一律视为良好；道德素养的主要观测点为诚信意识、团结意识和宿舍文明。

2. 专业素质

专业素质是大学生在校期间所具备的知识水平和技能素质的综合，包括知识素质和技能素质。由于新生刚入学，未接触专业知识和技能训练，因此可将“专业认知”作为观测点，考查学生是否具备明确的专业目标，以及对专业目标是否有足够清晰的认知。一年级后逐年增加通识类课程、专业课程、专业实践类课程学习成绩，包括第二课堂，将以专业素质能力提升为主要活动成效的内容作为观测点。

3. 科学文化素质

科学文化素质是大学生应当具备的科学文化知识、精神和实践能力的结合，包括科学素质和文化素质。以学生对科学、人文知识的兴趣及掌握情况作为主观测点，培养路径考虑人文素质拓展类选修课程及参与校园文化活动两个方面；科学思维主要考查学生研究考虑问题的思维方式和态度。随着年级的增长，考察载体会有所增加。

4. 创新创业素质

创新创业素质是大学生知识、能力和优良品质等素养的总和，包括创新创业意识、品质和能力。

在新生阶段，可将观测点选取创新与创业意识，主要考查学生该方面的意愿情况，为后期进一步培养做好理论教学与实践引导的策略准备。素质初检：创新方面，以学生高中阶段参与科技创新类活动获奖情况，如机器人大赛等；创业方面，采取问卷调查方式了解创业意愿及职业规划，结合一年级职业规划课程进行调查了解。

基于系统平台，考评过程评价可以通过点击“考评方式”获取各评价元素得分及相应支撑材料，如高中阶段科技创新类获奖情况等。

5. 能力素质

能力素质是大学生各种能力组合行程的能力系统，包括学习能力、领导能力和管理能力。

根据大学生能力素质三因子——学习能力、领导能力和管理能力这一考察主体，在新生素质初检阶段选取“知识获取能力、表达能力和计划能力”作为素质观测点。知识获取为后期知识运用的前提；表达能力是大学生冲破自我、悦纳他人、尽快适应大学生活及展示自我、融入学生团体的必备基础；计划能力是学生执行具体任务与协调事务关系的前提。

二年级后增设知识运用能力、信息技术能力、人际交往能力、团队合作能力、执行能力、协调能力六项指标。

6. 身心素质

身心素质是大学生身体和心理健康程度的综合表现，是个体本身追求个人发展最为基础的素质，相关数据包含身体素质和心理素质。身体素质部分选取身体形态（身高、体重及体态）、健康意识及机体能力作为主观测点，对新生体检报告、健康问卷调查和大学生国家体质测试进行客观评价；心理素质部分选取自我认知、情绪管理和抗挫抗压力作为主观测点，通过心理健康中心进行专项心理测试及心理辅导员日常交流观测进行评价。

以上数据获取和集成的途径：第一，现有业务系统的数据源，包括学工系统、教务系统、财务系统、国资系统、汇文系统、研究生系统、OA 系统、上网行为日志，等等；第二，新建数据输入系统，即对于一些定量和定性指标数据的获取，更多的方式是直接开发问卷调查系统，进行数据录入，或开发直接的数据录入系统，进行数据的个别录入和整体导入。

主数据中心将这些海量的数据进行汇总和集成，形成我校学生大数据仓库，提供给系统平台进行大数据分析和挖掘。

（二）指标评价模块

核心素质报告书制度的六大素质的指标体系构成分为一级指标、二级指标、三级指标等体系。

表 5—1　大学生核心素质水平评价指标体系

一级指标	二级指标	三级指标	一级指标	二级指标	三级指标
思想政治素质	思想素质	世界观	创新创业素质	创新创业意愿	创新创业意愿
		人生观			创新创业动机
		价值观			创新创业价值观
	政治素质	政治意识		创新创业品质	创新创业道德素质
		政治观点			创新创业心理品质
		政治立场		创新创业能力	创新创业思维能力
	道德素质	社会公德			创新创业知识素养
		职业道德			创新创业实践能力
		家庭美德	能力素质	学习能力	知识获取能力
		法纪观念			知识运用能力
专业素质	知识水平	公共必修知识			信息技术能力
		基础知识		领导能力	团队合作能力
		专业基础知识			人际交往能力
		专业知识			表达能力
	技能素质	专业实践技能		管理能力	计划能力
		专业拓展技能			协调能力
科学文化素质	科学素质	科学精神			执行能力
		科学思维	身心素质	身体素质	身体形态
		科学知识			机体能力
	文化素质	人文精神			健康意识
				心理素质	认知素质
		人文知识			个性素质
					社会心理素质

根据 1—9 的标度法，以及对收集到的数据资料分析后，对层次结构模型中每一层的元素进行了两两比较。

表 5–2　标度及含义

标度	含义
1	表示两个因素相比，具有同样重要性
3	表示两个因素相比，一个因素比另一个因素稍微重要
5	表示两个因素相比，一个因素比另一个因素明显重要
7	表示两个因素相比，一个因素比另一个因素强烈重要
9	表示两个因素相比，一个因素比另一个因素极端重要
2，4，6，8	表示上述相邻判断的中间值
倒数	两个因素 i，j 相比较，得到的判断值 bji=1/bij

按照以上方法确定所有指标的权重，如表 5–3 所示：

表 5–3　大学生核心素质水平评价指标的权重

一级指标	二级指标	三级指标
思想政治素质（0.31）	思想素质（0.5）	世界观（0.375）
		人生观（0.125）
		价值观（0.5）
	政治素质（0.125）	政治意识（0.1634）
		政治观点（0.297）
		政治立场（0.5396）
	道德素质（0.375）	社会公德（0.294）
		职业道德（0.412）
		家庭美德（0.059）
		法纪观念（0.235）
专业素质（0.17）	知识水平（0.25）	公共必修知识（0.024）
		基础知识（0.122）
		专业基础知识（0.366）
		专业知识（0.488）
	技能素质（0.75）	专业实践技能（0.5）
		专业拓展技能（0.5）
科学文化素质（0.17）	科学素质（0.5）	科学精神（0.5396）
		科学思维（0.297）
		科学知识（0.1634）
	文化素质（0.5）	人文精神（0.5）
		人文知识（0.5）

一级指标	二级指标	三级指标
创新创业素质（0.09）	创新创业意愿（0.5）	创新创业意愿（0.3）
		创新创业动机（0.6）
		创新创业价值观（0.1）
	创新创业品质（0.125）	创新创业道德素质（0.5）
		创新创业心理品质（0.5）
	创新创业能力（0.375）	创新创业思维能力（0.6）
		创新创业知识素养（0.1）
		创新创业实践能力（0.3）
能力素质（0.17）	学习能力（0.375）	知识获取能力（0.375）
		知识运用能力（0.5）
		信息技术能力（0.125）
	领导能力（0.125）	团队合作能力（0.375）
		人际交往能力（0.5）
		表达能力（0.125）
	管理能力（0.5）	计划能力（0.1）
		协调能力（0.3）
		执行能力（0.6）
身心素质（0.09）	身体素质（0.25）	身体形态（0.5）
		机体能力（0.375）
		健康意识（0.125）
	心理素质（0.75）	认知素质（0.1634）
		个性素质（0.297）
		社会心理素质（0.5396）

（三）基础信息模块

按照大学生核心素质报告书制度的设计，大学生基础数据模块分为四个阶段，大一启航、大二扬帆、大三济海、大四致远。基础信息平台的设计如表 5–4 所示：

表 5–4　××× 大学学生基本信息

学院：　　　　专业：　　　　学号：

<table>
<tr><td>姓　名</td><td></td><td>性　别</td><td></td><td>籍　贯</td><td colspan="2"></td><td rowspan="5"></td></tr>
<tr><td>曾用名</td><td></td><td>民　族</td><td></td><td>出生年月</td><td colspan="2"></td></tr>
<tr><td>生源地</td><td></td><td>政治面貌</td><td></td><td>家庭出身</td><td colspan="2"></td></tr>
<tr><td rowspan="2">家庭通讯地址</td><td colspan="3" rowspan="2"></td><td>联系电话</td><td colspan="2"></td></tr>
<tr><td>邮　编</td><td colspan="2"></td></tr>
<tr><td rowspan="2">高考成绩</td><td>总　分</td><td>语　文</td><td>数　学</td><td>英　语</td><td>综合分</td><td>其　他</td><td></td></tr>
<tr><td></td><td></td><td></td><td></td><td></td><td></td><td></td></tr>
<tr><td colspan="2" rowspan="2">个人联系方式</td><td colspan="2">手机号码</td><td colspan="2">QQ 号码</td><td colspan="2">宿　舍</td></tr>
<tr><td colspan="2"></td><td colspan="2"></td><td colspan="2">校区　栋　室　床</td></tr>
</table>

<table>
<tr><td rowspan="6">本人简历</td><td>起止年月</td><td>学习（工作）单位</td><td>职　务</td></tr>
<tr><td></td><td></td><td></td></tr>
<tr><td></td><td></td><td></td></tr>
<tr><td></td><td></td><td></td></tr>
<tr><td></td><td></td><td></td></tr>
<tr><td></td><td></td><td></td></tr>
</table>

<table>
<tr><td rowspan="7">家庭成员及主要社会关系</td><td>称　谓</td><td>姓　名</td><td>年　龄</td><td>工作（学习）单位</td><td>职　务</td><td>政治面貌</td></tr>
<tr><td></td><td></td><td></td><td></td><td></td><td></td></tr>
<tr><td></td><td></td><td></td><td></td><td></td><td></td></tr>
<tr><td></td><td></td><td></td><td></td><td></td><td></td></tr>
<tr><td></td><td></td><td></td><td></td><td></td><td></td></tr>
<tr><td></td><td></td><td></td><td></td><td></td><td></td></tr>
<tr><td></td><td></td><td></td><td></td><td></td><td></td></tr>
</table>

（四）分类统计模块

根据核心素质报告书制度的四个阶段的具体要求，首先需要梳理出每个阶段所需要的基本数据的分类统计，提供给四级分级体系查询和统计分析，即辅导员（学业导师）、学院副书记、学工教务等主管部门、学校校领导四个层级的数据分类统计和初步的分析系统。

这个模块功能满足四个层级的初步的也是绝大多数教育教学的需要。方案中的指标体系的因子、权重、得分及得分对应的标准，等等。

（五）分析决策模块

这个模块是核心素质报告书制度中对大数据应用的直接体现，大致可分为以下五种：

1. 智慧资助服务

（1）资助生筛选。

按年份、月份、年级、院系、刷卡次数、餐均消费、卡号、姓名、性别、是否贫困、餐次等查询条件，对满足资助条件的学生进行筛选，并可以直接查询特定学生消费情况。

通过该页面统计，查看满足筛选条件的学生，并可查看有关学生的基本信息和消费情况，为资助学生的筛选做参考。

（2）贫困生消费分析。

其一，贫困生消费总览。从月消费人数、月人均消费次数、月人均消费金额方面对贫困生和非贫困生进行对比，对不同餐饮类型下贫困生和非贫困生某月人均消费金额、某月餐均消费金额、某月餐均消费次数进行对比，对贫困生和非贫困生某月每天人均消费金额趋势进行对比，对贫困生和非贫困生某月不同消费类型的消费金额、人均消费金额、消费次数、人均消费次数进行表格展示。对餐饮类型下钻后，展示某消费类型、餐次：贫困生和非贫困生不同年级月人均消费金额和月人均消费次数对比，贫困生和非贫困生每天人均消费金额趋势对比，贫困生和非贫困生各年级消费金额、人均消费金额、消费次数、人均消费次数展示。

通过该页面统计，贫困生和非贫困生对比方式以餐饮情况、消费类型、日均、年级角度综合突出展示贫困生的消费情况。

其二，贫困生充值总览。从月充值人数、月人均充值次数、月人均充值金额对贫困生和非贫困生做对比，从某月每天人均充值金额对贫困生和非贫困生做趋势对比，对某月贫困生和非贫困生充值金额、人均充值金额、充值次数、人均充值次数进行对比展示。

通过该页面统计，可以明确贫困生和非贫困生充值情况差距。

2. 学业预警分析

基于学习成绩、补考信息、图书借阅、学籍异动等信息，根据校方学业分析及学业预警要求进行定制化数据分析，分析过程中能够重点关注学生学业情况，通过挖掘模型算法，找出毕业困难、就业困难的潜在学生群体，帮助学生完成学业。

3. 心理预警分析

利用学生基本信息、心理调研问卷信息及日常在校行为信息智能分析需要心理干预的学生群体，制定心理异常学生特征库，重点关注贫困生心理异常及特征情况。

4. 学生综合画像

根据学校基础数据、各类采集的行为数据，完成学生的群体及个体画像工作，根据学生的数据行为提供历史行为查询功能。

学生画像主要利用大数据平台，采用分布式计算架构，通过标准、丰富的数据挖掘算法包括分词、聚类、分类及标签云技术，根据学生基本信息和行为信息，实现用户属性识别、用户兴趣模型、用户关系模型，完成高校个体画像及各类资源、应用的智能推荐模型。

主要功能要求包括：

（1）提供包括基础信息、图书借阅信息、网络行为信息、学生成绩信息、消费行为信息、门禁信息（如图书馆进出、宿舍进出）、异常情况的分析和展示。

（2）针对学生个体提供大数据分析印象，能够为学生标注各类身份特征标签。

（3）提供学生亲密度分析及展示，用于了解某个体学生的好友情况。

（4）提供学生图书借阅数据分析展示，包括图书借阅专业匹配度、借阅活跃度、借书喜好等功能，提供图书推荐功能。

（5）针对网络行为APP、网络访问特征情况分析展示，提供网络搜索关键词数据分析展示，形成学生上网特征标签。

（6）集成学校教务系统数据，提供成绩数据统计分析，包括考试成绩、奖学金、挂科情况等，对于挂科科目提供针对学生个人的挂科预警。

（7）提供学生消费数据分析展示，包括三餐消费统计占比、网购情况统计等。

（8）提供基于门禁数据分析展示，基于校方设置门禁的场所，如宿舍、学校进出、图书馆进出等进行数据画像。

（9）充分整合和利用在网络、认证计费、在线学习、日常刷卡、图书借阅等系统中记录的学生行为信息，根据指定的某一时间点，能够快速查询学生的历史行为轨迹，如最后一次上网时间、地点等，能够与安防监控系统合理对接，用于快速应急响应。

（10）集成GIS地图功能，模拟学生每天校内移动轨迹，能够模拟推算移动距离（为后续数据挖掘积累数据资源），基于GIS展示校园各点位学生分布热力图，等等。

5. 行为数据分析

（1）行为预警。

整合学习信息、消费信息、行为信息，利用数据分析挖掘技术，集中对在校生异常情况进行分析展示，其中包括消费预警、行为预警、不在校预警等，整合各类异常信息进行异常指数评价及计算，为辅导员、院系领导、学工部门等相关业务口径提供预警分析展示。包括消费异常波动、长期无在校行为、深夜上网、门禁进出行为异常、沉溺网游、沉溺网贷等。

（2）网络行为分析。

网络行为概况分析能够对电商、社交、新闻、招聘、游戏、学习等站点类型进行分类统计查询，了解学生上网习惯，同时能够获取学生上网终端（如手机型号），用于辅助贫困生鉴定。

电商分析：根据主流电商搜索、点击访问信息，能够动态展现某时间段内的访问、搜索热度，能够查询某关键词在指定时间段内的出现频次和规律等。

就业意向分析：根据主流社会招聘网站的访问情况分析学生求职、兼职意向，为学生就业指导提供数据支撑。

搜索关键词分析：根据主流搜索引擎的使用情况，汇总分析在校师生搜索热点，了解学校群体关注的服务及资源情况。同时能够查询特定关键词的搜索情况及搜索人的信息。

网贷行为分析：能够统计分析学生访问主流校园网贷平台的访问行为，根据访问频率和访问次数，挖掘学生网贷风险。

舆情数据分析：准实时（1 小时）地查询网络热点信息。

校内网站访问分析：能够根据网络日志统计分析学校主页、部门院系网站的访问情况，能够了解各类校园公告的受众和访问情况。

校内电子资源访问分析：针对学校采购的电子资源使用情况进行统计分析，了解各类资源提供商的使用及访问情况，能够实名化资源使用明细。

无线定位分析：根据无线上网 AP 位置信息，进行准实时的上网位置数据查询和相关历史数据统计分析。

第三节　智慧资助服务模块功能设计举例
——贫困生筛选

一、数据来源

A	B	C	D	E	F
???"XH"	SFPKS	XFRQ	XFSJ	XFLX	XFJE
W20151026	0	2017/3/22	晚上	购物	19
W20151026	0	2017/3/22	中午		100
W20151026	0	2017/3/25	晚上	购物	16.5
W20151026	0	2017/3/24	中午	餐饮	21.5
W20151026	0	2017/3/22	中午	餐饮	12
W20151026	0	2017/3/25	晚上	餐饮	21.5
W20151026	0	2017/3/26	中午	餐饮	5
W20151034	0	2017/5/26	中午		320
W20151034	0	2017/5/9	中午	购物	4
W20151034	0	2017/4/20	晚上	餐饮	24.5
W20151034	0	2017/4/16	中午		100
W20151034	0	2017/4/5	中午	餐饮	21

W20151034	0	2017/4/3	中午	购物	10
W20151034	0	2017/3/2	晚上	购物	19.6
W20151034	0	2017/5/30	中午	餐饮	6.5
W20151034	0	2017/5/28	中午	餐饮	23
W20151034	0	2017/4/17	晚上	购物	12
W20151034	0	2017/4/8	晚上	购物	19.3
W20151034	0	2017/4/4	中午		200
W20151034	0	2017/4/5	晚上	购物	26.5
W20151034	0	2017/3/30	中午	餐饮	11
W20151034	0	2017/3/22	晚上	购物	24
W20151034	0	2017/3/2	中午	餐饮	11
W20151034	0	2017/5/27	中午	餐饮	7.5
W20151034	0	2017/4/17	晚上	餐饮	5
W20151034	0	2017/3/19	中午	购物	15.5
W20151034	0	2017/3/14	晚上	购物	7.1
W20151034	0	2017/4/10	中午	购物	10
W20151034	0	2017/3/19	中午	餐饮	22
W20151034	0	2017/3/24	中午	餐饮	10
W20151034	0	2017/3/3	中午	餐饮	10
W20151034	0	2017/5/28	晚上	餐饮	7
W20151034	0	2017/5/24	中午		20
W20151034	0	2017/4/16	晚上	餐饮	18
W20151034	0	2017/4/6	中午	餐饮	22
W20151034	0	2017/3/8	早上	购物	18.5
W20151034	0	2017/5/27	晚上	购物	14
W20151034	0	2017/4/9	晚上	餐饮	7.5
W20151034	0	2017/4/7	中午	餐饮	20
W20151034	0	2017/4/6	晚上	购物	13
W20151034	0	2017/3/21	中午	餐饮	10
W20151034	0	2017/5/29	中午	餐饮	18
W20151034	0	2017/5/28	中午	购物	9

六个月食堂消费总餐次、六个月平均餐饮交易金额、六个月餐费的标准差、六个月非餐饮金额、六个月一卡通总消费金额，各属性的K-means权重为（1.1,1.5，0.8,1,1.1）。

二、实际消费数据分析

（1）贫困生使用一卡通消费频率高。

（2）贫困生食堂消费总餐次相对较多。

（3）贫困生平均餐饮交易金额较少。

（4）贫困生餐费的标准差较小。

（5）贫困生非餐饮金额较小。

（6）贫困生一卡通总消费金额较小。

根据以上六点，可以总结出：

（1）贫困指数和食堂消费总餐次呈正相关。

（2）贫困指数和平均餐饮交易金额、餐费的标准差、非餐饮金额、一卡通总消费额呈负相关。

三、贫困指数计算公式设计

$$\frac{1}{PKZS}=\frac{1}{\alpha f(STXFZCC)}+\beta f(PJCYJYJE)+\theta f(BZC)+\lambda f(FCYJE)+\mu f(ZXFJE) \quad ①$$

$$f(x)=\frac{1}{PKZS} \quad ②$$

联立方程①②得：

$$PKZS=\frac{1.1*STXFZCC}{714+1.1*STXFZCC*(\frac{1.5*PJCYJYJE}{58}+\frac{0.8*BZC}{367}+\frac{FCYJE}{2956}+\frac{1.1*ZXFJE}{6088})}$$

最后将 PKZS 标准化到 0—100 之间得：

$$PKZS=\frac{1.1*STXFZCC}{714+1.1*STXFZCC*(\frac{1.5*PJCYJYJE}{58}+\frac{0.8*BZC}{367}+\frac{FCYJE}{2956}+\frac{1.1*ZXFJE}{6088})}*189.8776$$

指数说明：

PKZS 为学生的贫困指数

α 为食堂消费总餐次控制因子（1.1）

β 为平均餐饮交易金额控制因子（1.5）

θ 为餐费的标准差控制因子（0.8）

λ 为非餐饮金额控制因子（1）

μ 为一卡通总消费金额控制因子（1.1）

由贫困指数的定义可以看到：贫困指数越大，学生越贫困，反之则越不贫困。

四、贫困指数的四分位数设计

四　分　位	数　值
count	19595
mean	44.489389
std	17.811867
min	0.291781
25%	33.683689
50%	46.321983
75%	57.021779
max	99.999958

五、贫困指数的分箱情况设计

区　　间	人　　数
[0,1)	152
[1,10)	867
[10,20)	1070
[20,30)	1809
[30,40)	3168
[40,50)	4443
[50,60)	4377
[60,70)	2599
[70,80)	907
[80,90)	193
[90,100]	10

六、算法代码及 k-means 算法描述

（一）算法代码

```
#### 中文显示 ####
import os
os.environ［‘NLS_LANG’］=‘SIMPLIFIED CHINESE_CHINA.UTF8’
####pandas, numpy, sklearn####
import pandas as pd
import numpy as np
from sklearn import preprocessing
from sklearn.cluster import KMeans

# 导入 cx_Oracle 模块
import cx_Oracle
conn=cx_Oracle.connect（‘ystian/tianyisu@localhost/orcl’）
c=conn.cursor（）
from sqlalchemy import create_engine
engine=create_engine（‘oracle://ystian:tianyisu@localhost/orcl’）
sql=’select * from ADM_SJWJ_180 ‘

data=pd.read_sql（sql, conn）
data=data.fillna（0）
data.set_index（‘XH’，inplace = True）# 把学号设置成索引
x = data.loc［:, data.columns［0:5］］
y = data.loc［:, data.columns［5］］
# 对贫困生聚类分析
sql1=’select * from ADM_SJWJ_180 where SFPK=1’
data1=pd.read_sql（sql1, conn）
data1=data1.fillna（0）
```

```
w=np.array（[ 1.1,1.5,.8,1,.6 ]）    ## 聚类时各属性的权重
k_means=KMeans（n_clusters=5）
k_means.fit（preprocessing.scale（x）*w）
pk=k_means.predict（preprocessing.scale（data1 [[ 'STXFZCC' ,' PJCYJYJE' ,
' BZC' ,' FCYJE' ,' ZXFJE' ]]))
data1 [ 'k_means' ]=pk
alarm1=data1.loc [ data1 [ 'k_means' ]==0 ]
alarm2=data1.loc [ data1 [ 'k_means' ]==1 ]
alarm3=data1.loc [ data1 [ 'k_means' ]==2 ]
alarm4=data1.loc [ data1 [ 'k_means' ]==3 ]
alarm5=data1.loc [ data1 [ 'k_means' ]==4 ]
number_xujia=min（alarm1.shape [ 0 ], alarm2.shape [ 0 ], alarm3.shape [ 0 ], alarm4.
shape [ 0 ], alarm5.shape [ 0 ]）

# 虚假贫困生
if alarm1.shape [ 0 ]==number_xujia:
    print alarm1
    alarm1.to_csv（'D:AD_XJ_Alarm.csv'）
elif alarm2.shape [ 0 ]==number_xujia:
    print alarm2
    alarm2.to_csv（'D:AD_XJ_Alarm.csv'）
elif alarm3.shape [ 0 ]==number_xujia:
    print alarm3
    alarm3.to_csv（'D:AD_XJ_Alarm.csv'）
elif alarm4.shape [ 0 ]==number_xujia:
    print alarm4
    alarm4.to_csv（'D:AD_XJ_Alarm.csv'）
else:
    print alarm5
```

```
alarm5.to_csv（'D:AD_XJ_Alarm.csv'）
#潜在贫困生
sql2='select * from ADM_SJWJ_180 where SFPK=0'
data2=pd.read_sql（sql2, conn）
data2=data2.fillna（0）
sql3='select * from ADM_SJWJ_180 where SFPK=0 and STXFZCC>242 and
PJCYJYJE<6 and BZC<6.65 and FCYJE<374 and ZXFJE<1779'
data3=pd.read_sql（sql3, conn）
print data3
data3.to_csv（'D:AD_QZ_Alarm.csv'）
#贫困生各属性四分位数展示
sql4='select XH, to_number（STXFZCC）, to_number（PJCYJYJE）,
to_number（BZC）, to_number（FCYJE）, to_number（ZXFJE）, SFPK from
ADM_SJWJ_180 where SFPK=1'
data4=pd.read_sql（sql4, conn）
data4=data4.fillna（0）
data_PKSXZS=data4.describe（）
data_PKSXZS.to_csv（'D:AD_PKSXZS.csv'）
#非贫困生各属性四分位数展示
sql5='select XH, to_number（STXFZCC）, to_number（PJCYJYJE）,
to_number（BZC）, to_number（FCYJE）, to_number（ZXFJE）, SFPK from
ADM_SJWJ_180 where SFPK=0 '
data5=pd.read_sql（sql5, conn）
data5=data5.fillna（0）
data_FPKSXZS=data5.describe（）
data_FPKSXZS.to_csv（'D:AD_FPKSXZS.csv'）
```

（二）k-means 算法描述

面对的数据：无标签的数据

（1）在该无标签的样本中，随机选择 K 个聚类中心点；

（2）对样本中的每个点进行如下操作：

计算每个点分别到这 K 个聚类中心的距离，选择将该点归并到距离最近的那个聚类中心下面，知道将 K 个点全部归并完成。

（3）更新中心点：

针对划分好的 K 个簇，求该簇所有点的坐标平均值，并将该平均值作为新的聚类中心点。重复 2 到 3 步，直到两次相邻的迭代结果中，聚类中心点的位置不变，或变化小于事先约定的阈值范围内。

七、贫困生筛选最终结果举例

1. 潜在贫困生名单

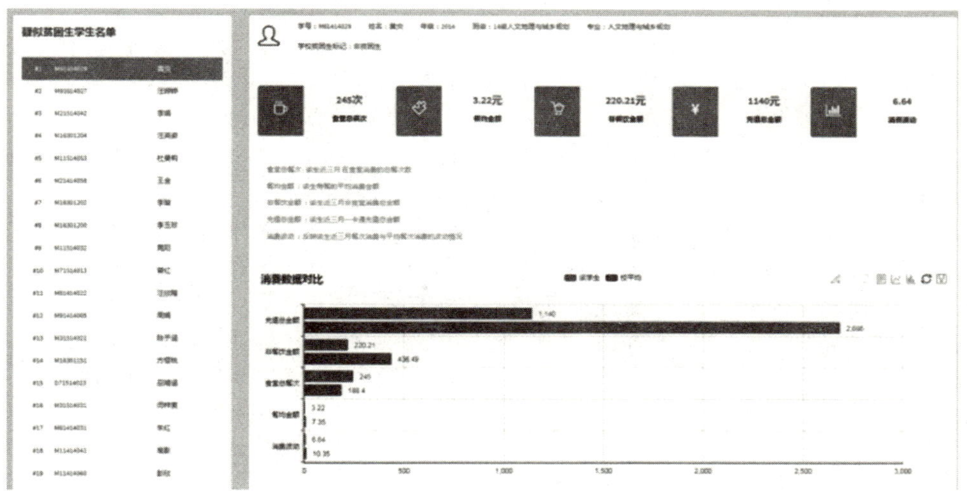

2. 潜在贫困生院系分布

3. 虚假贫困生名单

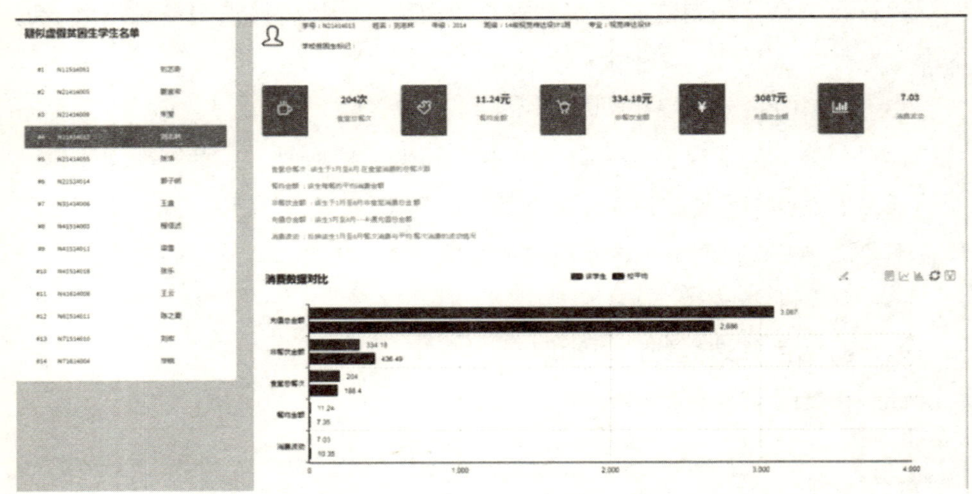

4. 虚假贫困生院系分布

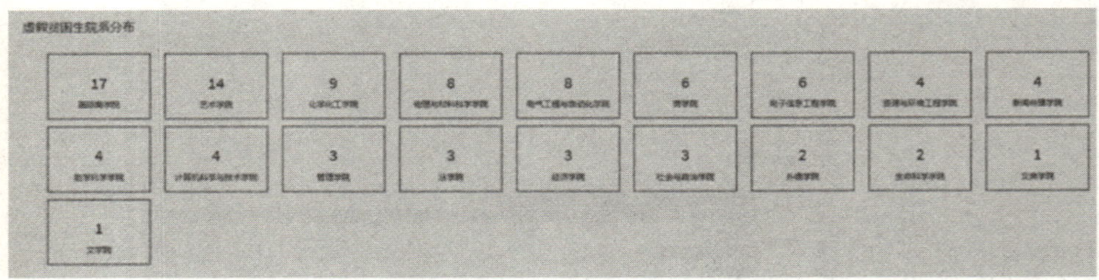

第六章

大学生核心素质报告书制度建立和大学治理的探索

——以江苏科技大学为例

管理理论和管理实践好比孪生兄弟，理论源于实践，又指导实践；实践产生理论又依赖理论指导。没有理论指导的实践是纯感性的实践，没有实践支撑的理论是纯理性的理论。管理研究需要感性和理性的高度契合。

实施大学生核心素质报告书制度是江苏科技大学贯彻落实全国高校思想政治工作会议精神，全面提升人才培养质量的一项重要举措。自 2017 年初正式启动该项工作以来，学校按照全面实施、重点推进、逐步完善、以点带面、点面结合的原则，有效推进大学生核心素质报告书制度的实施，出台《江苏科技大学大学生核心素质报告书制度实施办法》，召开大学生核心素质报告书制度新闻发布会，努力构建全员育人、全过程育人和全方位育人的工作格局，涵养“吃得了苦、扎得下根、干得成事”的学生特质，培育满足行业发展需求的高质量人才。

第一节　大学生核心素质报告书制度对全员育人的创新驱动

学校党委将全面提高人才培养质量作为重大专项，探索实施大学生核心素质报告书制度。一份核心素质报告书贯穿人才培养全过程，体现了学校充分挖掘育人“源”的精神，实现全员育人、全过程育人和全方位育人。实施大学生核心素质报告书制度，面向全体学生开展模块式学涯规划指导，注重考核学生知识、技能的掌握状况和思维能力的发展变化，呈现专业标准的目标指向和素质教育的价值取向，揭示六大核心素质形成发展的内在关系，持续激发大学生成长成才内在驱动和外界推动的动力“源”泉。

一、坚持统筹谋划，系统推进，激发大学生成长成才内生动力

实施大学生核心素质报告书制度，旨在从育人生态场的宏观视域着眼，围绕素质教育落地的体制机制进行擘画，找寻一条可持续的、动态的大学生核心素质浸润之道，全称“育人生态场浸润理论”（Ecological Field of Educational Immersion Theory）。在这一生态场中，以“人的全面发展”和“四个服务”等目标为“四梁八柱”的教育方针和以“船魂精神引领”为核心的办学理念是育人生态场的主要动力输出来源，核心素质报告书制度是育人生态场中育人理念得以落地的载体。通过核心素质报告书制度，育人生态场中的行动者（学生、教师、教育管理服务者等）在教育的根本方针和先进文化的引领、浸润、环绕下不断烘托六大核心素质的重要性，教育者和受教育者对核心素质的教育重点和养成要点产生共鸣，进而自觉认同、自主实践和自行提升，形成具有特色的育人生态场。各类育人主体的用力方向一致，力量不断聚集，形成良好的乘法效应，共同推动学生六大核心素质的提升，涵养学生“吃得了苦、扎得下根、干得成事”的特质。

学校坚持统筹谋划，系统推进，不断完善思想政治工作的顶层设计；坚持分类指导，项目化运作，重点工作重点突破，形成可示范可引领可推广的工作动力系统、激励机制和实践模式；坚持问题导向，把握师生思想特点和发展需求，实现供给侧精准发力，在破解学校思想政治工作短板上取得实质性进展；坚持育人为本，聚焦核心素质培养，激发大学生成长成才内生动力；坚持成果意识，坚实主阵地建设，搭建高能多频的主体互动平台、立体覆盖的工作网络、集约化的工作平台，构建全过程育人的协同机制；坚持落细落小落实，形成广大师生日常行为准则，增强自觉奉行和践行能力；坚持继承创新，善于

运用师生喜闻乐见的方式，推进理念创新、方法创新，注重总结凝练基层创新的经验和智慧，增强工作针对性、实效性；坚持过程管理，突出质监机制创新，通过建立目标管理责任制、督查督办机制和动态反馈机制，加强全程监督指导和定期评估，促使协同育人机制真正形成并发挥实际作用。

学校创建党政决策部署“一喊到底”的工作机制，落实全面从严治党总要求，加强党委对教书育人的统筹领导，落实党政共同负责制、加强“法治型、服务型”党支部建设、实行党员积分管理制度，使全校党员、各级党组织在学校党委统率下，自觉学习贯彻落实党委决策部署，形成学校党政政令一出、一呼百应的局面，解决基层党建工作层层递减，政治功能、教育功能发挥不足的问题，充分发挥基层党组织的战斗堡垒作用，实现全员育人。

教育方针和办学理念是育人生态场的动力来源，是素质教育乃至高等教育的根本。学校完善体制机制，统筹开展理念文化、精神文化、物质文化、环境文化、行为文化建设，组织开展丰富多彩、积极向上的校园文化活动，构筑师生共同精神家园。打造具有江苏科技大学特色的思政工作品牌，作为一所具有鲜明船舶行业特色的高校，在长期办学实践中熔铸成“兴船报国、江海襟怀、同舟共济、扬帆致远”的“船魂”精神，成为激励广大师生干事创业的强大精神动力。校党委高度重视校园文化在意识形态教育中的作用发挥，以“船魂”精神为统领，构建了主题文化体系，充分体现船舶特色。在新生入校、毕业离校、校友返校时，宣讲学校“船魂”精神文化，不断增强校园文化自信，提升全校的精神气质，持续激发学生的内生动力和活力，营造“活泼、轻盈、灵动”的良好发展氛围。教师代表景荣春教授被评为全国高校创先争优典型、省道德模范，其崇高精神激励后辈，成为学校永不褪色的“船魂”精神杰出代表；校友张进原，重庆船舶工业公司副总经理、中船重工（重庆）海装风电设备有限公司副总经理，扎根船企、毕生奉献，被誉为“时代先锋”，获“中央企业优秀共产党员”称号；校友王德应，汾西重工副总经理、884厂厂长，获“山西省特级劳动模范”荣誉称号；校友刘殿宝，渤海造船厂集团副总工程师，扎根焊接领域，解决核潜艇制造过程中诸多焊接难题，获国家科技进步一等奖；校友姜华，广州船舶及海洋工程设计研究院副院长，工作后认为正因为不是985、211高校毕业生，自己要比别人付出更多努力，别人不愿意干的事自己就多干些，凭借“少点抱怨、多点担当；干在实处，走在前列”四句话在同龄人中脱颖而出。广大毕业生形成了“吃得了苦、扎得下根、干得成事”的特质，在船舶相关行业深受欢迎。

二、完善工作机制，浓郁育人氛围，构建协同育人大格局

学校积极搭建高能多频的主体互动渠道、立体覆盖的工作网络、集约化的工作平台，构建全过程育人的协同机制。加强在党委统一组织下的工作协调，强化“一岗双责”，开展党政工团跨部门合作，形成工作磋商机制，在时间、内容和载体上进行合理分配、合理布局，做到组织领导、工作规划、安排部署、活动组织、考核检查、绩效评价环环相扣、层层落实，职责明确、立体推进。制定全员育人测评体系，细化教学育人、管理育人、服务育人观测点，分类指导，使全员育人有章可循、可行、可考。

（一）坚持理论武装及社会主义核心价值观引领

学校坚持先导地位，理顺理论教育工作机制，始终把理论武装置于突出位置、摆上重要日程，落实师生政治理论学习、教研活动与党支部活动制度。建立“领学”“互学”机制，充分发挥党委理论学习中心组的示范作用，党员领导干部带头学，党员教师围绕组织目标共同学。推动理论宣传由“单兵作战”向“集团军作战”转变。建设一支高素质的理论宣讲员队伍，储备一支理论教育战略合作师资队伍，打造精品主题名师资源库。开设新媒体自主学习平台，定期组织读书报告会和分享会，通过“主题宣讲”实现情境熏陶，进行创新性学习，设计各种学习模式，最大限度地调动师生自主学习的主动性和积极性，实现从知识到信仰的内化过程。积极开展多种形式的社会主义核心价值观宣讲教育，坚持校领导挂帅的宣讲团模式，持之以恒，做出品牌。将核心价值观教育纳入课程体系，融入主题教育活动，贯穿于教书育人全过程，落细落小落实。深入推进“青年马克思主义者培养工程”，加强对大学生的政治引领和价值引领，推进大学生马克思主义自主学习计划。在师生中大力加强廉洁文化教育，营造风清气正的校园氛围，坚持理论武装及价值观引领全员育人。

（二）发挥课程协同育人功能

学校既注重对思想政治理论课教师的培养，又重视对其他各类课程教师

育人能力的提升，提高全校教师的“育人意识”和“底线意识”，促进各类课程“守好一段渠、种好责任田”，努力形成课程思政育人合力。学校启动“课程思政聚合行动”，强化理论武装，优化思政教育供给，通过从“思政课程”走向“课程思政”的教育教学改革，把思政教育贯穿到教育教学全过程。实施前，首先请马克思主义学院专家为专业课教师解疑释惑，形成共识，明确“课程思政”不是增开一门课，也不是增设一项活动，而是以强化课程教学中思想教育和价值引领为核心，引导学生树立正确的“三观”。让所有课程都有“思政味”，所有教师挑起“思政担”，构建全员、全课程的大思政教育体系。随后在课程体系中强化“思想政治素质”实现路径设计，增加国情分析、传统文化、人文情怀、专业素养、科学精神的“思政元素”，深入挖掘思政课教师与非思政课教师在教育教学中能够结合的基本点，有效促进彼此之间的交流、借鉴、融合与提升，力促全校各类课程与思政理论课育人同向同行，让每门课程都育人、每位教师都承担育人责任，最终形成全校协调育人大格局，共同提升大学生思想政治素质。落实思政“五大工程”33项具体任务，推进思政项目化建设，不断打造理论教育品牌。其中，颇具特色的思政“小课堂”用符合“90后”青年特征话语体系宣传核心价值观，深受青年学子欢迎。“小课堂”的蝴蝶效应引发意识形态教育“大课堂”悄然开花：微课堂、微电影、“鱼老师课堂”漫画阐述核心价值观。构建“宝塔式”宣讲团队，校领导带头走进“小课堂”开展宣讲。大格局下“无痕教育”效果明显，校园正能量蔚然成风：优秀学子张耀笑大爱感动全社会，被评选为“2015感动中国——江苏十大感动人物”；船海学院13401032班团支部荣获“全国高校践行社会主义核心价值观示范团支部”。

强化师德教育与考评机制，推进全员育人机制形成。针对目前师德的现状、普遍存在思政工作与教学工作中的“两张皮”现象，以及“师德”与“育人”概念流于笼统、难以考核等问题，重点强化师德教育与考评机制，学校以及各学院（部门）成立师德、思想政治考核小组，推进实行专业技术职务评审师德、思想政治考核工作，进一步细化师德、思想政治考核办法。一方面加强师德教育。2014年学校在高校中率先推出《师德公约》后，要求每位教师签约、宣誓承诺，反响良好；另一方面强化师德考评。按照人员类别列出十个方面“育人”标准，细化具体育人观测点，形成了体现“师德”及“育人”概念的具体行为标准和评分细则。同时，在职称评审中，明确触碰师德“红线”实行一票否决。在2017年职称评审中，出台了师德与思政素质考核办法及测评体系，建立学生评教、同行互评测评系统，对师德及思政素质实行专项述职考核，达不到优良的取消参评资格，在师生中反响强烈，强化了教师育人意识。

创新青年教师培养模式，提升青年教师思想政治素质和教书育人能力，端正治学态度。一是实施青年教师“三个一”工程成长计划，通过一年助教、一年国外进修、一年企业挂职锻炼，筑基强本，使教育人者先受教育。二是实施“深蓝人才工程”青年学者计划，建立导师制度，强化培训进修，配备学术助手，实施特区政策，加大业绩津贴、科研经费、平台条件等支持力度。三是注重职业素养及教书育人综合能力提升，利用教师发展中心、行知驿站对专业教师开展心理咨询、生涯规划等专业培训。四是面向全体教师开展“德育实践专业课程”重点项目建设，在课程体系中强化“思政素质”实现路径设计，增加“思政元素”，使各类课程与思政理论课同向同行，发挥课堂主渠道育人功能。为提高思政理论课堂“抬头率”，解决部分学生不想学、不愿学、不会学等问题，重点加强思政理论课主阵地建设。一方面思政理论课教师开展“学大纲、学教材，做合格思政教师”活动，做到讲者真懂真信；另一方面加强教学改革，凝练教学内容，对统编教材进行专题研究，提炼学生必须掌握的理论点以及必须回答的现实困惑，开展以问题为导向的教学探索。围绕四门必修课，编辑出版了四本配套的《实践教学手册》。建立“说课”制度，定期开展教学研讨、教学难点问题联合研究。探索《形势与政策课》专题式教学改革，按照中宣部、教育部要求，每学期明确4个专题内容，集中备课，4个专题分别由4位教师主讲，讲精讲细讲透，深受学生欢迎。

（三）强化学生管理服务工作的育人功能

在服务引导中加强思想教育，建设一站式大学生事务与发展中心，探索大学生教育管理服务新模式，围绕学生教育管理、教务管理、就业指导、社团建设、帮困助学、后勤保障等需求，通过事务办理、政策咨询、建言献策等，服务学生发展。

构建“导师有约”常态机制，打造师生零距离互动平台。通过设置专题剖析、阅历分享、即答讨论、观点碰撞等多个互动环节，有效激发师生参与热情，实现师生真正面对面、心贴心，有效地教育大学生树立正确的人生观。

加强对学生的学业指导、职业生涯规划和就业创业教育，完善“学习能力提升计划”，优化学业帮扶与学习发展平台，强化学情监督机制，健全学生发展支持体系。

进一步完善学校—学院—班级三级心理健康教育工作网络体系，构建大学生心理支持圈，推进学院心理辅导站建设，完善大学生心理档案制度，注重心理健康教育中心专职教师、心理辅导员的专业化和心理干预过程的规范化建设，促进大学生身心和人格健康发展。

进一步加强辅导员队伍专业化、职业化建设，开展深度辅导工作，确保每名学生每年都能得到至少一次有针对性的深度辅导。进一步提高资助工作的精准度，完善国家奖助学金、勤工助学等多种方式的资助体系，加强学生核心素质培养。

积极发挥群团、学生会、研究生会和学生社团作用。构建党委领导下的“一心双环”团学组织格局，深入实施高校基层团支部“活力提升”工程，构建“多种模式、多重覆盖”的团建创新机制。

强化社会实践育人，修订完善社会实践教学大纲，优化教学内容，创新社会实践组织模式和运作方式，制定“全程化、菜单式”实践方案。课题紧扣社会重大理论现实问题、服务国家及社会发展的战略需求，充分体现学科优势、学校特色。坚持把公益劳动课作为实践育人的有效载体，在校生必修劳动课，在强健体魄的同时，培养大学生正确的劳动价值观念、劳动意识和良好的生活习惯。

（四）拓展“互联网＋”时代思政教育平台

依托信息技术大数据分析，对师生思想动态进行精准研判，开展个性化的思想政治教育。依托校园新媒体联盟，同步推进微博、微信、手机客户端建设，构建校园新媒体矩阵。推进校园网络思想政治教育平台体系建设，充分发挥传统媒体与新兴媒体合力育人优势，采用师生喜闻乐见的形式，推动思想政治工作传统优势同信息技术高度融合，构建思想政治工作网站集群。推进以慕课、微课为核心的网络学习平台项目建设。融合“易班”、中国大学生在线等建设经验，探索建设基于大数据、云平台技术，满足大学生“价值塑造、教育学习、日常生活、情感交流、职业生活、虚拟生活”需求的校园互动社区和校园学习生活管理服务系统。

推动扶持教学名师、思想政治理论课教师、优秀辅导员、学生骨干进网络，充实网络评论员、网络监督员、网络文明志愿者队伍，壮大网络舆论引导力量。

第二节　大学生核心素质报告书制度对全过程育人的纵横推进

大学的根本责任是为社会输送具备良好素质的合格大学生。大学生核心素质报告书制度的实践，客观上要求教育者通过信息化、规范化的人才培养管理模式，推动课堂内外、教育教学等育人工作的系统规划。再者，通过核心素质报告书反馈的内容，梳理育人过程的各个环节，根据学生个体化成长发展的需求，对教育教学工作进行根本性的再思考和关键性的再设计，从而有效整合各类教育力量，形成育人的合力，通过全覆盖的发展激励，构建全过程育人的纵向“势”、横向“势”，实现六大核心素质与育人全过程的有效精准对接，促进大学生健康全面成长成才，涵养江科大特质，具备特有的“竞争力”。

一、指向针引导，形成纵向发展四步骤格局

大学生核心素质报告书制度体现了大学生综合素养发展递进的动态过程，每个阶段的教育重点和养成要点成为引导大学生四年发展的指向针。因此，各部门和全体教师在大学生人才培养的全过程中，育人工作就有了明确的阶段要求，合力的指向性更精准，在“引航教育”“育人工程”“就业帮扶”等方面营造育人氛围，形成助力学生成才的纵向“势”。

一年级，大学生完成素质初检，完善自我认知，通过发展期望制定具体规划。这一阶段主要是以新生转型教育为主的“引航教育”，旨在引导大一学生适应大学生活，培养学习兴趣。例如，学生处统筹安排新生转型教育系列讲

座，内容涵盖德性价值、德性教育、校史校情、学业发展、素质提升、生涯规划等；参与部门包括学生处、组织部、宣传部、关工委、教务处及各个学院；参与人员包括学校党委书记、校长、学院院长、学院党委书记、副书记、副院长、系部主任、教务秘书、辅导员、班主任、学业导师等。各学院书记、院长解读学院发展史，系主任解读专业课程学习，各方通力合作，让学生融入集体、适应生活。

二、三年级，大学生完成六大核心素质的分析和评价，通过全方位的学习修正具体规划。这一阶段主要是以学风建设为主的“育人工程”，旨在营造良好学习氛围，展望专业发展蓝图。例如，大学生自我召开年级大会，不同年级学生制定不同目标与方案，提升自我选择和规划能力；院长、教授考研专项动员解答，激发考研动力；优秀学生学习经验分享，形成示范效应。学生加强自我管理，开展“两个文明行动”，通过诚信教育，友善教育助推“育人工程”。从学生本人、学长到专业教师、辅导员、学业导师等，各层级人员持续引导，帮助学生华丽蜕变。

四年级，大学生在六大核心素质引领发展的基础上，通过职业发展分析明确发展动向。这一阶段主要是以就业教育为主的“就业帮扶”，旨在引导大学生端正就业观念，成功就业。例如，学校就业指导中心主办的中国船舶工业集团公司、中国船舶重工集团公司专场招聘会、各类专业专场招聘会；辅导员摸底排查，了解每位学生考研或就业意愿；开展考研考公模拟面试会、与社会合作的“职业体验”活动等，汇聚各方资源，对学生进行分类指导，形成带动效应，帮助学生成就大学阶段的终极目标。

二、大数据引领，形成横向带动双推进模式

全面实施大学生核心素质报告书制度，其目的不在于掌握大量的学生相关信息，而在于对数据的分析处理，帮助教育者及学生自身更优地适应变化，掌握情况，分析问题，调整对策。辅导员和学业导师可以通过平台系统分析学生考试不及格率、考研达线率等一系列、多方面的大数据，然后在大数据分析的基础上“点”“面”结合双推进，引导学生正确认知自我，督促学生不断完善自我，树立“发展自信”，形成助力学生成才的横向“势”。

在辅导员层面，学校通过辅导员“五个一”的工作要求与辅导员职级制实施推进，加强队伍建设，消减工作懈怠，增进辅导员工作动力。辅导员在大学生成长成才的过程中，通过开展大学生思想政治教育，引导大学生树立远大理想；通过筑基教育提升专业能力，紧抓班风、学风、院风，开展优秀班集体评选、表彰大会等，增强学生的团体凝聚力，为学生营造良好成长氛围。

江苏科技大学各学院在《江苏科技大学学业导师制实施办法》(江科大校〔2016〕96号）试行文件的指导下，严格按照要求，努力实践，积极探索，目前形成了学业导师精准配对，实现育人“势”的点覆盖格局。各学院领导重视用制度规范学业导师工作，均出台了学院的《学业导师制实施细则》，规定了专项资金支持学业导师工作，明确了学业导师的任职条件、工作职责、遴选与聘任、考核与管理等，同时也明晰了学业导师与辅导员工作中“点”与“面”的工作关系。在全过程育人中，学业导师悉心指导，注重完善学业导师工作记录簿，对学生从一年级开始实施个性化的指导，真正引领学生成长。

总之，在大数据的指导下，具体形成了横向全覆盖的育人氛围。真正做到：年级辅导员掌舵领航，理论武装起来，强调引领，解决积极向上的方向问题，帮助学生“快学”；学业导师动力牵引，强调引导，解决乐学善学的方法问题，帮助学生“会学”；年级管委会减阻助推，强调服务，解决吃苦扎根的态度问题，帮助学生“要学”；班务助理等学生组织管理推进，搭平台压担子，强调培养，解决坚韧续航的发展问题，帮助学生“自学”；心理辅导员托底平衡，扫到雷排掉雷，强调稳定，解决和谐持续的安全问题，帮助学生“坚持学”。

三、家文化浸润，营造全过程育人的文化氛围

通过大学生核心素质报告书制度对全过程育人的纵横推进，旨在形成全校大学生核心素质教育的合力，发挥学校各部门在素质教育中的协同作用。近年来，江苏科技大学坚持传承中华传统文化，将“家文化”传统教育作为学校和谐发展的责任和使命，立足“家文化”传承创新，积极推进文化教育融入育人全过程，增强全校师生“江科大归属感”“江科大自豪感”和“江科大荣誉感”，在全校范围内构建了全过程育人的文化氛围。

第一，推进“家文化”教育融入日常管理。构建《“家文化”德育教育实施方案》，试行一学期并逐步完善。通过“我家说”“我家平台”“我家规矩”“我家风采”四大版块，开展“我家训”“我家讲坛”“我家队伍”“考研之家”等校园文化活动，拓展素质内涵修养，助力大学生全面发展。

第二，推进“家文化”教育融入思想政治教育。在前期工作基础上深入探索“家文化”内涵，确立“家文化”精神，明确“家风”，凝练“家训”，梳理“家规”，整合“家文化”工作平台，优化“家文化”传播载体，充分展示“家人”风采，切实提高全体师生的凝聚力和影响力。这使得全校师生“心往一处想、劲往一处使”，积极以主人翁的精神面貌参与到学校的各项工作中去，从而促进江苏科技大学在“家文化”氛围中、在安定团结的格局里取得各项事业的长足发展，为学校实现“全国一流造船大学”奋斗目标托底助力。

第三，推进“家文化”教育融入专业教育。强化辅导员与系部教师的协同，构建育人合力。多部门紧密合作联动，大力推进“四位一体”教育育人体系。将第一课堂、第二课堂和第三课堂资源整合，利用优势助力学生成长。

第四，推进“家文化”教育融入校园文化。以“我家说”为平台，提高全体师生对“家”的认同感。开辟线上线下两大阵地，在全校上下营造“家文化”氛围。以“我家规矩”为起点，加强全体师生对“家”的使命感。遵循“自我管理、自我教育、自我服务”三大方针，“立家规”“学做人”，使“家文化”理念得以传承弘扬。以“我家平台”为窗口，促进全体师生对“家”的责任感。贯彻落实学校“青年之声”的试点工作，切实履行学生会的服务职能，增强“家”的责任意识。以“我家风采”为推手，强化全体师生对“家”的归属感。

第三节　大学生核心素质报告书制度对全方位育人的总体覆盖

按照“育人生态场浸润理论”的指导，“育人生态场”是有效解决大学生素质教育落地困难的症结。育人生态场关注环境因素对教育实效性达成的影响，关注“场域”中文化资本的持续构建。育人生态场中的“积”的概念，是指任何有利于学生的核心素质提升因素的累计叠加，这些因素的力量不断聚集，相互关联，形成了良好的乘法效应。按照这一理论指导，教育者要准确认识每个学生的生态位，运用教育学、心理学、生态学的知识，科学分析每个学生的智能结构、兴趣爱好、优势特长、潜在资质及缺点不足；受教育者在客观评价自我的基础上，科学定位，合理规划，确立符合自身实际的发展目标。我们从信息共享、思想引领、文体活动、科技创新、团支部建设、行业对接6个方面组成第二课堂系统，构建一种具备持续浸润和环绕效应的动态调整的全方位育人实施路径。

一、信息共享，服务为先——高校信息融合服务平台的构建

基于核心素质报告书制度构建的管理平台是交互的场合，交互是开放的初衷和延伸。信息的开放、交互与共享是互联网时代的根本特征，移动互联技术的发展使个体和组织得以“永远在线”。没有信息交互的平台是沉闷的平台，没有交互的生态圈是没有生机的生态圈。信息交互让平台和生态圈更具有生命活力。基于核心素质报告书制度构建的大学生第二课堂系统将人才培养置于整个教育生态系统之中，在充分考虑系统中各种输入要素的前提下，根据场域的不同特点和不同势位，通过动态评价大学生这一场域核心的发展情况，及时调整教育者、受教育者及各种输入要素，通过不断调整理想信念教育、文化体育活动、创新创业活动的开展，甚至完善大学生组织构建来提升大学生的能力素养，帮助大学生提升核心素质。大学生作为教育生态中的关键要素，在开放的信息共享平台中会接收到海量的信息，教育者要帮助大学生提高信息分辨和有效信息获取与利用的能力。大学生在不断判别信息真伪好坏与利用优异信息中，不断培养和壮大自身的“元势”。学校通过核心素质报告书制度，改变传统门户只聚合深入服务的弊端，大学生核心素质报告书制度构建一种各种信息聚合的平台，实现统一的认证，为各业务提供导航；构建一种基于信息共享的融合服务平台，在业务部门提供数据的基础上，构建起一个师生办公、办事、获取信息和服务的平台，实现咨询、消息、办事服务、业务系统、人与人之间协作的有机整合。

二、思想引领，价值导向——大学生理想信念教育体系构建

思想是人类区别于其他生物体的根本特征，理想信念是人类高端思想的充分体现。理想信念是个体成长的重要思想要素，包含丰富的内容：其一，它综合性地包含着社会生活各个方面的发展状态，以及个体对其发展状态的反应。其二，它把理想与信念包含在一起，形成共同的理想信念。其三，它不单单是一个理想目标，而且包括追求和实现这个理想目标的道路和方式。对于当前中国来讲，道路就是中国特色社会主义道路，方式就是坚持中国共产党的领导。这是一个追求理想的实实在在的过程，是中国人民在中国共产党的领导下，沿着中国特色社会主义道路不断追求和逐步实现理想的过程。

强大的理想信念是大学生个体成长的重要标志和根本追求，也是大学生自主自适应的重要体现，更是大学生成长成才的重要保证。学校坚持以“船魂”为精神底色，加强学生的理想信念教育。学校努力开展社会主义核心价值观教育，学校领导和职能部门领导带头分别在四个校区巡回宣讲社会主义核心价值观——“爱国、敬业、诚信、友善”，在学生中引起较大反响。学校遴选了一批优秀教师组成宣讲团队，结合国家海洋强国战略与学校发展目标，精心打造品牌讲座“中国梦·海洋梦·青春梦”，开展多场次巡讲。学校加强“沧海云帆”思想政治教育新媒体平台建设，通过“深蓝讲堂”报告会、座谈会、宣传橱窗等渠道，强化对大学生的思想引领。切实加强大学生社会主义核心价值观教育，将大学生的全面发展与诚信教育有效融合，积极构建“一核心、四模块、四驱动、四协同”的诚信教育体系。将“社会主义核心价值观之友善”和“船魂精神”中的“同舟共济”有机结合，通过友善价值的认知教育、友善习惯的养成教育、友善行为的实践教育三个途径，树立“尊敬师长、友爱同学、团结互助”的良好风气，培养大学生“心怀善意、友爱待人、和谐相处、助人为乐”的品格。

三、科学设计，文体兼修——大学生文化体育活动体系建设

文化体育活动是大学生形成文明的精神和健康体魄的重要载体。“文明其精神，野蛮其体魄”是对文化体育活动功效的著名论述。文化体育活动是大学

生养成自主与自适应能力的重要事件。大学生自主与自适应强调大学生要养成自学习和自主适应的习惯，主动接受育人生态场中各种因素的作用，进行自我调节和自适应，为将来走上社会适应各种社会关系打下坚实基础。学校针对学生的弱点和缺项，设计和开展学生喜闻乐见的校园文化和体育活动，让学生通过参与活动达成教育目标；大学生通过参加各类文化体育活动，养成健全的人格、坚毅的品质，逐渐实现自身社会化的过程。文化体育活动与创新创业活动一样，是大学生自主与自适应能力养成的关键所在。

注重对校园文化体育活动进行整体规划，在坚持高、雅、精的基础上，追求寓教于乐、有教有乐。学校每年坚持举办校园文化艺术节，迄今为止已经举办了 34 届。每年坚持开展一系列形式活泼、内容丰富的校园文化活动，如十佳歌手大赛、青春风采大赛、民俗文化进校园、中华经典诗歌诵读、“科大杯”系列体育比赛、“走向未来”辩论赛等。校园文化活动还充分体现了民族传统文化、地域民俗文化、体育文化、专业文化与校园文化的有机融合，成为广大学生学习生活中的文化大餐。文化体育活动成为大学生了解大学生文化，适应大学生活，自主与自适应的重要渠道。文化体育活动是大学文化的重要传承载体，坚持学校特色文化体育活动的开展，对于涵养大学生的特质具有举足轻重的作用。

四、走向深蓝，以海强国——大学生科技创新体系建设

学校适应不断发展的创新创业形势的需求，积极构建点、线、面相结合的立体工作网络，推进形成完整的“金字塔”型创新能力培养的工作体系，帮助大学生适应不断发展的创新创业形势的需求。点上以挑战杯竞赛带动，属于塔尖的精英培养；线上由本科生创新计划支撑，属于中间层培养，本科生创新计划工作既能支撑挑战杯竞赛，又能带动普及性科技创新活动；面上大学生科技文化活动覆盖，属于塔基部分，针对性强、参与面广，能通过这些活动有效地把青年学生组织起来，搭建创新平台，助推项目实体落地，全面提升大学生创新创业素质。

科技创新体系的构建，发展是关键。学校努力推进“走向深蓝，以海强国——大学生科技创新体系建设”工程，将大学生实践创新训练计划与学校创新人才培养工作有机结合。从新生转型教育入手，进行科技团队分组；针对学院不同年级、不同专业学生，为学生量身定做、举办适合专业和年级特色的科技类竞赛活动；建设阶梯培养训练模式，各类活动均以科技团队形式参加，使学生热爱科技、学以致用，从简单的兴趣类活动参加，直至积极参与本科生创新计划、江苏省创新创业训练计划、大学生课外学术作品竞赛等。

大学生科技创新体系通过参与活动情况，全面、准确、客观、科学地反映学生在校表现情况，使学生的思想政治教育和管理工作更加系统化、规范化、科学化，在免试推荐研究生、重大评奖评优、企业奖学金、综合积分测评、入党推优的过程中，为推荐或选拔工作提供重要依据。

五、点面结合，创新载体——构建主动式基层团支部建设体系

组织是大学文化的重要组成部分，是实现学生自我认知、自我管理、自我教育、自我成长的有效载体。组织建设的内涵是高校在长期的教育实践过程中形成的特有的并为学生所认可和共同遵守的制度、程序、纪律准则、观念等，它既蕴含了组织工作的优良传统、作风和精神，又体现了与时俱进的时代追求。大学生核心素质报告书制度，是以大学生核心素质发展需求为导向，通过学生党团组织、学生自我管理委员会、学生工作助理队伍、学生骨干培养，加强高校组织建设，将大学生核心素质培养理念有效传导到大学生，内化为价值体验，外化为实际行动，实现了高校人才培养的全方位联动。构建主动式基层团支部建设体系，围绕"引领"与"服务"两个关键词开展组织建设工作。"引领"是指针对每个团支部的特色和现有水平，提供有针对性的分类引导，用青年群体易于接受的方式去引导他们的思想和行为。"服务"是指为每个团支部提供其需求的资源、平台及专业指导，做真正满足当代学生需求的活动。

学校树立典型，营造创先争优氛围，构建以五四红旗团支部景荣春支部为典型的榜样支部，为其他支部建设提供典范，也为全校支部发展营造创先争优的氛围。一是全覆盖、全方位为支部服务，帮助厘清支部发展脉络，致力于解决支部发展过程中青年组织呈现的圈子分散化、群体分众化的特点，团组织核心地位面临巨大竞争的问题；二是基层团组织活力减弱，自我成长缓慢，发展思路不清晰。针对这两点问题，学校注意发挥好引导支部建设的职能，盘活

基层，为基层支部重新注入发展活力。学校还注重将支部QQ空间、微信平台建设的载体作用，用同学们喜闻乐见的形式对他们产生立体化影响，实现团支部各项活动均在空间和平台的直播和互动，给予支部一个很好的展示和交流学习的空间。学校教师支持支部多元发展，多维评价支部发展成效。在素质教育的大趋势下，青年更愿意按照自己的想法、自己的个性成长，学校鼓励支部按照自己拟定的目标多元发展，对支部发展成效进行多维评价，给予支部充分的成长空间，充分调动支部积极性，并对在特色方面取得成果的支部给予肯定。通过系列举措，进一步强化基层组织的建设，活化基层组织的教育和引导资源，构建主动式的支部建设体系。

六、精准对接，深度融合——全面对接行业发展需求

如何提高人才培养质量，是高校不断探索和实践的有效命题，而检验人才培养质量的重要一环就是职业发展与社会效用。人才对行业的胜任度是体现高等教育为经济和社会发展服务的功能需求，是高校教育教学改革的重要参考，是衡量办学水平和教育质量的重要指标。

大学生核心素质报告书制度，遵循大学生成长规律及发展需求，以行业需求为导向，输出学生在校不同时期的素质弱项和发展期望，细化为切实可行的培养实施路径，贯穿大学教育全过程。全力构建高效精准的人才培养体系，努力造就德才兼备的应用型、创新性、多样化、高素质人才。学校定期走访行业内各大企业，加大与重庆、武汉、西安等中西部船舶企业的联系，了解用人单位需求及对我校毕业生的评价，及时做好毕业生就业市场反馈；整合校内外资源，建成校内工程训练中心；采取多种渠道与237家企业建立稳定的校外实习基地，平均每个专业有4—5个固定的校外实习基地，构建工程实践能力训练的校企联合培养体系。

本章小结

大学生核心素质报告书制度是“育人生态场浸润理论”得以落地的有效

载体。通过核心素质报告书制度的实践，育人生态场中的行动者在教育的根本方针和先进文化的引领、浸润、环绕下不断烘托六大核心素质的重要性，教育者和受教育者对核心素质的教育重点和养成要点产生一致共鸣，进而自觉认同、自主实践和自行提升，形成具有特色的育人生态场。通过大学生核心素质报告书制度系统梳理育人过程的各个环节，根据学生个体化成长发展的需求，对教育教学工作进行根本性的再思考和关键性的再设计，从而有效整合各类教育力量，形成育人的合力。通过实行项目化运作，借助大数据分析，动态测评学生素质，开展菜单式教育教学活动，保障素质教育可监测、可反馈、可调整，实现六大素质与教育教学实践精准对接，促使协同育人机制真正形成并发挥有效作用。

第七章

结论与展望

一、主要结论

本书在《大学生核心素质模型构建及提升路径研究》和《基于需求导向的大学生核心素质培养研究》两本著作基础上，借鉴国内外高校人才培养经验和做法，从源、势、积等基本概念入手，运用教育生态学和信息动力学理论的相关原理对大学生核心素质进行研究，提出了素质教育相关理论命题，构建了育人生态场浸润理论，进一步构建了大学生核心素质提升的有效路径。在此基础上，对素质教育管理模式及管理制度进行了梳理，论证了以制度建设和制度创新对素质教育进行科学管理的必要性和可行性，进而设计了大学生核心素质报告书，并由此形成了大学生核心素质报告书制度的理论框架。

通过研究分析，本书得出以下结论：

第一，在大学生素质教育理论方面，提出了“育人生态场浸润理论”，提出了源、势、积的基本概念和相关命题。“源—势—积”是构成育人生态场的基本概念范畴，“育人生态场浸润理论”根植于实践，直面新时代“办好人民满意的教育”的目标诉求，遵循“适合教育”的原则，重视教育主体、客体和中介的衔接，尤其关注教育目标和教育过程的耦合，实现了大学生素质教育的理论创新。

第二，创造性地设计并实施了大学生核心素质报告书制度。将影响大学生综合素质发展的六大核心素质细化为38个教育重点和33个养成要点，分层递进，贯穿大学教育教学全过程，实现六大素质与教育教学活动的精准对接。

根据教育重点和养成要点设置观测点，设计了大学生核心素质报告书，对素质观测指标、教育重点和养成要点与日常教育管理各相关环节进行关联，按照分层次、递进式的原则合理设置素质观测指标内容，细化评测依据，实现高校人才培养各相关教育元素在报告书平台的“入驻”和有效集成。通过自评—会商—反馈—改进—跟踪的工作机制，通过教师评价、学生自评、同学互评等方式，动态实现学生素质评估、反馈和调整，形成了可推广的大学生核心素质报告书制度。

第三，提出了实施大学生核心素质报告书制度的“六步”工作法。从大学生核心素质报告书制度的理念出发，对建构大学生核心素质报告书制度进行了总体性思考，提出了“六步”工作法，即强宣传，促认知；定标准，细实施；重指导，促参与；挖数据，画好像；抓两头，促中间；出谋略，献计策。进而对报告书制度的设计原则进行深入分析，认为报告书制度可以在四个方面发挥作用：为全面提升高校人才培养质量提供抓手，为实现高等教育的根本宗旨提供保障，为高校综合改革提供决策参考，为社会各界参与高校人才培养搭建新平台。

第四，构建了大学生核心素质评价指标体系。素质测评是大学生核心素质报告书制度的重要组成部分，是检验教育生态场对大学生核心素质浸润效果的重要手段。本书首先研究了素质测评方法选择的依据，为素质测评方法选择奠定了理论基础，然后从素质表现形式出发，探讨了由客观测量方法（包括仪器测量法、笔试测量法、量表测量法）及主观测量方法（综合评价法、典型案例法、扎根理论法、网络文本分析法）构成的测量方法体系，由此构建了由水平评价、均衡评价和协同评价构成的大学生素质评价指标体系，并提出了大学生核心素质测评实施步骤。

第五，建构了大学生素质报告书制度信息平台。借助大数据分析，实施各类数据集成，针对不同群体的测评状态，构建了学生主题数据库，开展菜单式教育教学活动，以更加科学和客观的评估方式，对学生素质发展进行有针对性的指导，实现了共性教育和个性化指导有机结合。大学生素质报告书信息平台易操作、便捷实用，具有高度的开放性，集学校、企业、学生家长、学生为一体，共同参与人才培养，保障素质教育可监测、可反馈、可调整，实现了六大素质与教育教学实践精准对接。

二、未来展望

大学生核心素质报告书制度的实施以王济干教授及其研究团队工作的江苏科技大学为试点及样本，还刚刚开始。对大学生核心素质报告书制度的研究尚处在探索阶段，有很多方面仍具有较大的研究潜力。基于本书现有的研究结论，大学生核心素质报告书制度研究还可以从如下方面进行实践拓展和研究：

第一，关于大学生核心素质评价指标体系。由于研究水平所限，目前研究仅对大学生核心素质评价指标体系提出了框架性的思考，观测点的设计、评价可操作性还不够强，理论色彩较浓。在今后的研究中，还将进一步进行系统性研究，指标评价体系还需进一步丰富和完善，以期提出更利于大学生核心素质发展的评价指标体系。

第二，大学生核心素质报告书制度的实施是一项系统工程，需要各要素的协同，必须在学生素质发展信息采集、学生素质测量与评价、学生素质状况分析研判、“自评—会商—反馈—改进—跟踪”工作机制等方面建立一套完整的制度体系；需要在学校构建良好的育人生态场，使学校在学生素质发展与教育教学改革之间形成闭合的环式结构。因此，还需进一步加强对优化大学生核心素质报告书制度协同育人的工作机制的研究。

第三，高等教育回归培养全面发展的人的永恒主题。切实转变育人观念，以学生为本，将“育人生态场浸润理论”落实到人才培养的实践中，直面高等教育的现实问题；各类育人主体同向同行，力量不断聚集，形成良好的乘法效应，共同推动大学生六大核心素质的提升。以此为起点，努力让高等教育远离功利与平庸且充满感情，让身在其中的大学生更好地成长和发展。

附录：大学生核心素质报告书样本

1. 启航版

走向深蓝　筑梦海洋

启航版

大学生核心素质报告书

姓　　名：________________________

专　　业：________________________

班　　级：________________________

学　　号：________________________

××大学制

××年××月

大学生素质发展倡议

人的全面发展是人类社会永恒的主题。作为21世纪的大学生，我们需要在学习和实践中涵养思想政治素质、科学文化素质、创新创业素质、专业素质、能力素质与身心素质，才能承担起中华民族伟大复兴的历史责任。

思想政治素质如人之“大脑”，引领我们人生的方向；

科学文化与创新创业素质如人之“双臂”，助力我们人生的发展；

专业素质如人之“躯干”，支撑我们人生的成功；

能力与身心素质如人之“双腿”，奠定我们人生的基石。

六大核心素质相互支撑，共同构成了一个“全面发展的人”！

学校以社会主义核心价值观为引领，秉承“船魂”精神，将全面实施大学生核心素质报告书制度，让学校的教书与育人相互协同，让我们的第一课堂与第二课堂相互补充，不断激发大学生自我成长的潜力，共同致力于大学生的全面成长和成才。在此，我们向各位同学发出倡议：

做仰望星空、胸怀理想的有志青年，信念坚定，志存高远！

做脚踏实地、励精图治的有为青年，敢于有梦，勇于追梦！

做涵养德性、求真崇实的有才青年，锤炼品行，学以致用！

做孜孜不倦、乐于钻研的勤学青年，精进学业，只争朝夕！

做勇于开拓、锐意进取的创新青年，砥砺青春，敢为人先！

做朝气蓬勃、青春焕发的阳光青年，心康体健，热爱生活！

让我们从今天开始，不负韶华，满载青春的理想从这里扬帆启航，去创造更美好的明天！

报告说明

1.《大学生核心素质报告书》制度是学校实施高素质人才培养工程的重要举措，目的在于通过科学评价、分析报告等手段，精准掌握学生素质能力培养状况，以评价为抓手，为教育教学、管理部门、家长学子提供科学系统的人才培养阶段性信息，指导学校教育教学，提升人才培养的系统性和精准性。

2. 报告书以在校学生个体为评价对象，按照以 1 学年为评价周期，每学年结束后两周内对每一名在校本科生综合素质情况进行数据采集与综合分析。

3. 报告书根据大学生核心素质全人模型的构成要素，结合教育重点和养成要点，根据大学生在校学习的不同阶段（按年级）进行素质观测点的选择性设置和评价。

4. 评价方式分为定量评价和定性评价，综合评定按百分制计算，定性评价部分按评价等次对应相应分值，系统完成数据分析后转换为定性评价报告。

5. 报告书内容主体包括：素质初检（含自评）、观测点分析、自我认知、素质发展期望、教育指导策略等内容。

6. 各学院组织并指导学生就基本信息、素质调查、自我认知、素质发展期望等内容进行填写，各相关部门提供学生素质动态监测数据，汇总后形成分析报告，学业导师就专业素质发展提出指导建议，辅导员就综合素质发展提出教育指导建议，各学院分管领导审核后签字。

7. 综合素质报告相关信息根据相关责任人职责权限设定公开范围，相关群体查阅学生在校阶段性综合素质报告书，填写并提交反馈意见。

××大学新生基本信息

学院：　　专业：　　学号：

姓　名		性　别		籍　贯		
曾用名		民　族		出生年月		
生源地		政治面貌		家庭出身		
家庭通讯地址				联系电话		
				邮　编		

高考成绩	总　分	语　文	数　学	英　语	综合分	其　他	单项总分

个人联系方式	手机号码	QQ 号码	宿　舍
			校区　栋　室　床

本人简历	起止年月	学习（工作）单位	职　务

家庭成员及主要社会关系	称　谓	姓　名	年　龄	工作（学习）单位	职　务	政治面貌	联系方式

××大学新生基本素质情况调查

考察指标	调查题目	作答选项	备注说明
思政素养	有无加入中国共产党的意愿？具体动机是？	□有　□无	具体：
	你对国内外时政要闻的关注情况是？	□经常　□偶尔　□不关心	
	你对学校开设思政类教育课程的态度是？	□很有必要 □适当的形式可接受 □没必要　□无所谓	
	你是否愿意担任学生干部？具体职务意愿？	□愿意　□无所谓□不愿意	具体：
	你对大学生参军的态度是？	□愿意　□不愿意	
诚信意识	你认为大学生诚信意识主要体现在哪些方面？	□经济诚信 □考试诚信 □生活诚信 □就业诚信	
	你如何看待考试作弊现象？	□深恶痛绝，个人绝不作弊 □不赞同，不制止　□无所谓	
	你有无申请助学贷款？是否有明确还款计划？	□有　□无	□有 □无
	看到地上有张饭卡，你会怎么做？	□不理会　□归还　□用完丢掉	
友善意识	你是否愿意参加义工或其他公益组织？	□愿意　□不愿意	
	你是否会在别人需要帮助时主动伸出援手？	□会　□不会　□看情况	
	你如何评价个人在团队协作中的表现？	□好　□一般　□较差	
	你在新的班集体中的人际关系如何？	□好　□一般　□较差	
专业认知	你对所学的专业是否有清晰的了解？	□清晰　□一般　□不了解	
	你目前所学的专业是否是自己理想的专业？	□是　□否	
	有无转专业的意愿，目标专业是？	□有　□无	具体：
	在专业认知中是否需要得到帮助？具体是？	□是　□否	具体：
	有无明确的职业发展目标？具体是？	□有　□无	具体：
兴趣发展	你个人的特长及兴趣爱好有？具体是？	□人文类　□科技类 □美术类 □音乐类　□表演类 □其他类	具体：
	你每天要花多少时间在业余爱好上？	□不超过 1 小时 / 天 □ 1—3 小时 / 天 □ 3 小时以上 / 天	
	发展自己的兴趣爱好，你最想得到的帮助是？	□教师指导 □参加社团 □校内硬件资源的配套 □其他	具体：

续表

考察指标	调查题目	作答选项	备注说明
学习状态	你在高中阶段的优势科目是？相关获奖？	□数学 □英语 □语文 □物理 □其他	具体：
	你在大学的学习动力是？	□为个人的发展 □为父母家人 □为社会进步 □其他	具体：
	上大学后，课余时间最想去的校园场所有？	□教室 □宿舍 □实验室 □图书馆 □体育馆 / 场 □其他	
	进大学后，你是否有适合自己的学习方法？	□有 □无	
适应能力	你对未来在大学校园生活的心态是？	□充满期待□来之安之□得过且过	
	你对大学的生活模式是否适应？有无住校经历？	□适应 □较适应 □不适应	□有 □无
	你是否确定了在大学的目标？具体是？	□是 □否	具体：
	你是否希望通过勤工助学等方式补贴生活？	□是 □否	具体：
运动意识	你的体育类爱好及特长是？	□足球 □乒乓球 □篮球 □排球 □羽毛球 □其他	
	你每周的运动时长（小时）？	小时 / 周	

自我认知：

1. 自我综合素质评价：□优秀 □良好 □合格 □差

2. 个人优势与素质强项：

3. 个人弱势与素质弱项：

4. 其他优缺点：

发展期望：

1. 大学发展目标：

2. 最希望提升的能力素质：

3. 其他发展需求：

具体规划：

1. 努力方向：

2. 具体措施：

3. 实施步骤：

××同学基本素质情况调查报告

一、信息调查结果

考察指标	素质观测点	初检结果	备注说明
思政素养	入党意愿	有	动机正确
	关注时政	经常	
	思政课程开设	很有必要	
	学生干部意愿	愿意	团支书
	学生参军意愿	愿意	
诚信意识	考试诚信认知	较好	
	生活诚信认知	较好	
	经济诚信认知	较好	有贷款需求和还款规划
友善意识	公益活动意愿	愿意	
	乐于助人	是	
	团队协作意识	一般	
	人际关系	一般	
专业认知	专业清晰度	清晰	
	专业满意度	不满意	
	转专业意向	明显	
	目标专业	船舶与海洋工程	
兴趣发展	兴趣爱好	人文类	阅读
	花费时间	1—3 小时 / 天	
	帮助需求	参加相关社团	
学习状态	优势科目 / 弱势科目	数学 / 物理	
	学习动力	不足	
	课余场所	宿舍	
	学习方法	有	
适应能力	大学期待	一般	
	生活适应度	较适应	无住校经历
	大学目标	无	
	勤工助学意愿	有	家庭经济一般
运动意识	体育爱好	乒乓球	
	运动时长	3 小时 / 周	

心理健康普查: 90 项症状清单（SCL–90）	
测验评价 （总均分）	
指导说明 （总均分）	
大学生心理健康调查表（UPI）	
测验评价	
指导说明	

二、素质动态观测分析

1. 近三个月校内消费情况:

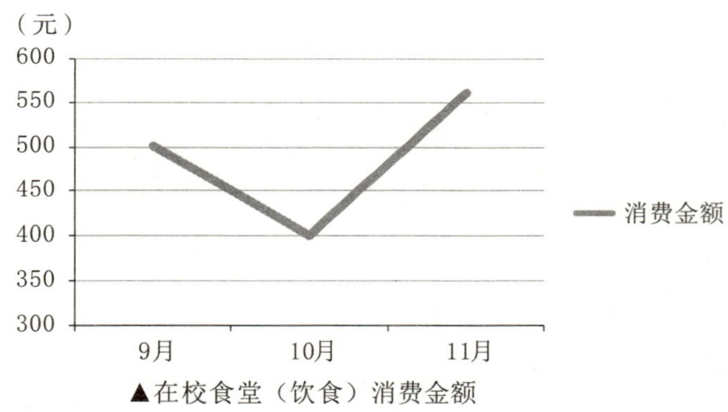

▲在校食堂（饮食）消费金额

2. 近三个月个人寝室卫生得分情况:

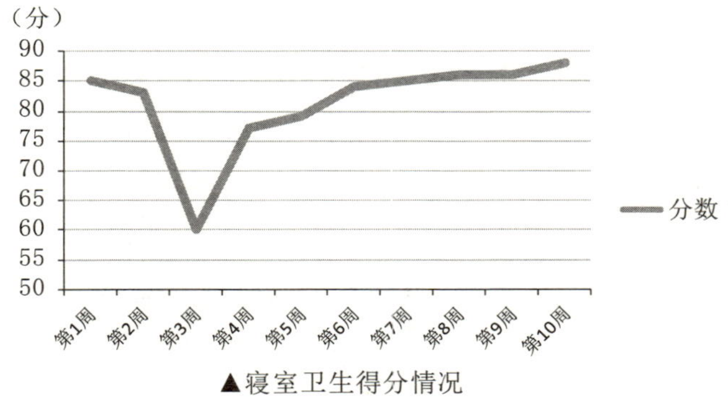

▲寝室卫生得分情况

3. 近三个月个人图书借阅情况：借阅书籍

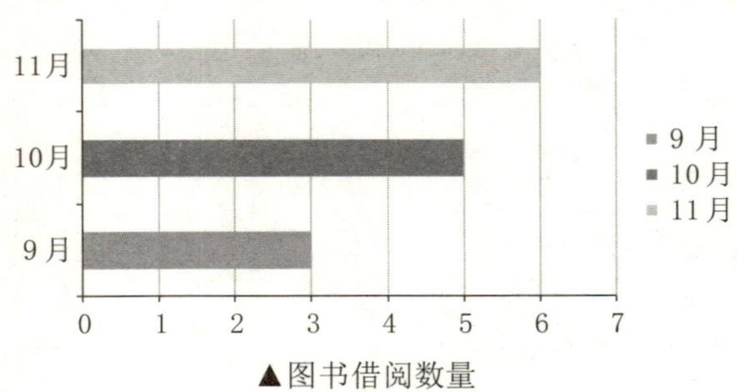

▲图书借阅数量

《影响力》	《策略思维》
《拖延心理学》	《定位》
《如何阅读一本书》	《人间词话》
《高数习题辅导》	《平凡的世界》
《小王子》	《曾国藩家书》
《百年孤独》	……

4. 入校后课堂学习情况（亦可根据课程特点确定平时成绩评测构成，如逻辑思维等）

课程名称	平时学习状态评价											
	课堂纪律			课堂参与度			作业完成情况			学习效率		
	9 月	10 月	11 月	9 月	10 月	11 月	9 月	10 月	11 月	9 月	10 月	11 月
英语 1	8	7	7	8	7	6	8	7	7	7	6	6
高数 1	8	7	6	8	7	6	8	7	6	7	6	6
……												

说明：判断学生对所学课程的兴趣度、分析学生日常学习状态、加强任课教师对学生的课堂管理与指导。

5. 第二课堂参与情况（第二课堂成绩单）

参加社团：无。

听讲座次数：3 次。

志愿者服务次数：2 次。

参与校园文化活动：十佳歌手大赛、新生风采大赛。

三、学生素质初检主观评价分析

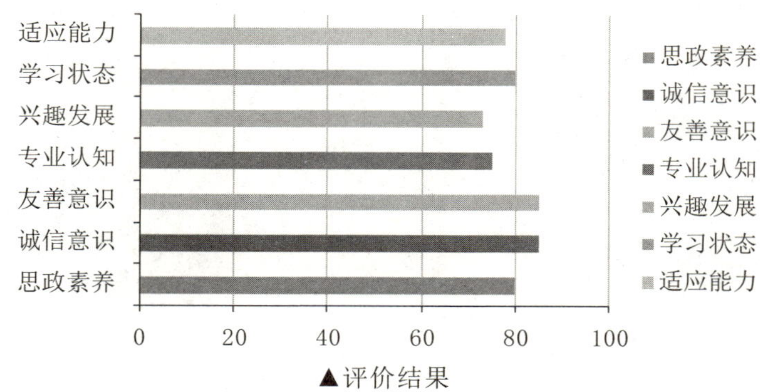

▲评价结果

序号	素质弱项	原因分析
1	兴趣发展	较为单一，参加社团积极性不高
2	学习状态	学习目标不明确，动力不足，存在弱项科目
3	适应能力	对专业认同感低，无住校经历，适应能力偏弱

该生最希望提升的素质能力：语言表达能力。

学生素质发展指导建议：   签字： 年　月　日

四、专业班级学生素质初检情况分析

1. 专业认知

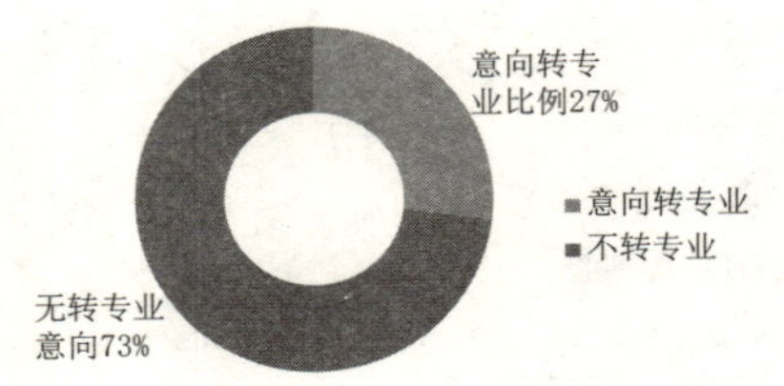

▲XX专业学生专业思想稳定性

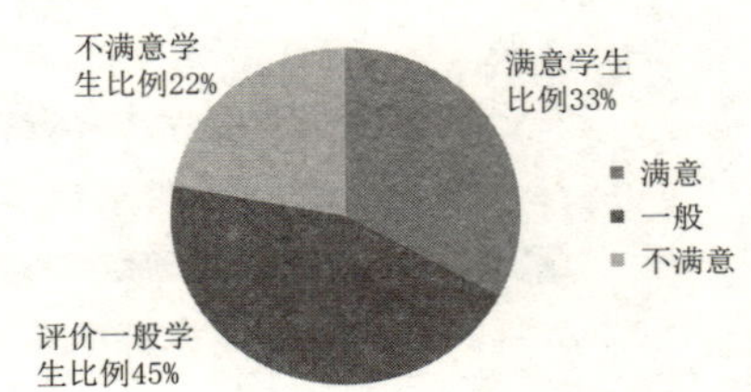

▲XX专业学生满意度测评结果

该专业班级整体学生满意度偏低，专业思想稳定性不高，须加强专业教育工作，采取有效措施……

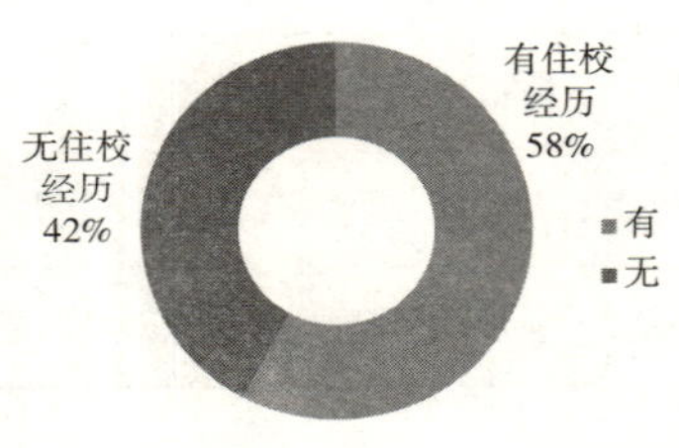

▲XX专业住校经历学生情况

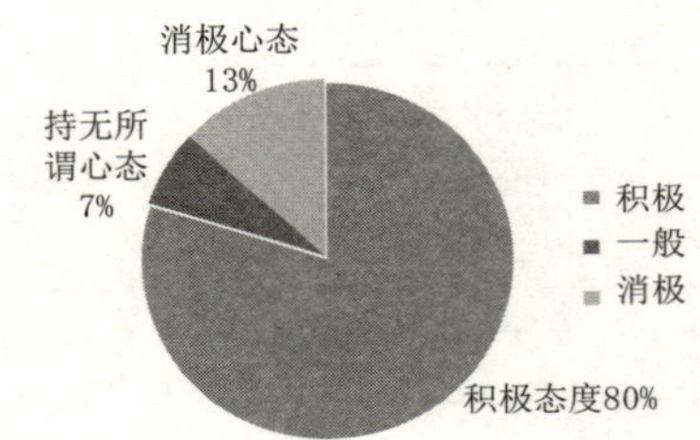

▲大学校园生活期待情况调查结果

2. 适应力

该班级学生中有住校经历的不足50%，应在新生入学教育和军训中注重对个人自理能力的指导和锻炼；对于未来校园生活期待方面，大多数学生反应积极向上，对少数学生的消极心态应早期介入，加强指导……

五、专业学生素质发展指导建议

签字： 年　　月　　日

2. 扬帆版

走向深蓝　筑梦海洋

扬帆版

大学生核心素质报告书

姓　　名：________________

专　　业：________________

班　　级：________________

学　　号：________________

××大学制

××年××月

××大学学生基本信息

学院：　　专业：　　学号：

<table>
<tr><td>姓　名</td><td></td><td>性　　别</td><td></td><td>籍　　贯</td><td colspan="2"></td><td rowspan="7"></td></tr>
<tr><td>曾用名</td><td></td><td>民　　族</td><td></td><td>出生年月</td><td colspan="2"></td></tr>
<tr><td>生源地</td><td></td><td>政治面貌</td><td></td><td>家庭出身</td><td colspan="2"></td></tr>
<tr><td rowspan="2">家庭通讯地址</td><td rowspan="2" colspan="3"></td><td>联系电话</td><td colspan="2"></td></tr>
<tr><td>邮　　编</td><td colspan="2"></td></tr>
<tr><td rowspan="2">高考成绩</td><td>总　分</td><td>语　文</td><td>数　学</td><td>英　语</td><td>综合分</td><td>其　他</td></tr>
<tr><td></td><td></td><td></td><td></td><td></td><td></td></tr>
</table>

个人联系方式	手机号码	QQ号码	宿　舍
			校区　栋　室　床

本人简历	起止年月	学习（工作）单位	职　务

家庭成员及主要社会关系	称　谓	姓　名	年　龄	工作（学习）单位	职　务	政治面貌

××大学学生基本素质测评表（主观评价）

序号	素质指标	素质观测点	自我评价	学生互评	评测依据	团体会商
1	思政素质	爱国精神与表现	□差□一般 □良□优	□差□一般 □良□优	是否有正确坚定的政治立场与国家自豪感	
2		时政动态关注度	□差□一般 □良□优	□差□一般 □良□优	对国内外时政的关注程度	
3		法纪观念与表现	□差□一般 □良□优	□差□一般 □良□优	在日常生活中的遵纪守法表现	
4	责任意识	参与集体活动情况	□差□一般 □良□优	□差□一般 □良□优	是否主动参与集体活动与班级事务管理	
5		交办任务完成情况	□差□一般 □良□优	□差□一般 □良□优	交办工作是否推诿、拖拉，主动担当，责任心强	
6		集体当中大局观念	□差□一般 □良□优	□差□一般 □良□优	能否正确处理集体与个人的利益关系	
7	道德素养	诚信表现情况	□差□一般 □良□优	□差□一般 □良□优	考试诚信、经济诚信、生活诚信、职业诚信	
8		吃苦精神情况	□差□一般 □良□优	□差□一般 □良□优	参与公益劳动及义工表现以及勤俭情况	
9		校园文明表现	□差□一般 □良□优	□差□一般 □良□优	是否具有良好的社会公德及文明行为习惯	
10		友善表现情况	□差□一般 □良□优	□差□一般 □良□优	待人接物有礼有节、乐于帮助他人	
11	知识获取	学习态度	□差□一般 □良□优	□差□一般 □良□优	学习兴趣度、积极性、参与课堂程度	
12		自主学习意识	□差□一般 □良□优	□差□一般 □良□优	是否养成良好的自主学习习惯	
13		学习效率	□差□一般 □良□优	□差□一般 □良□优	学习方法是否得当，学习效果情况	
14	创新创业	创新意识	□差□一般 □良□优	□差□一般 □良□优	在学习或实践中有创新意识，参与积极性高	
15		创业意识	□差□一般 □良□优	□差□一般 □良□优	具有创业意愿，有较为清晰的创业目标	
16		敬业意识	□差□一般 □良□优	□差□一般 □良□优	具有对职业的专注感、认同感和责任意识	

续表

序号	素质指标	素质观测点	自我评价	学生互评	评测依据	团体会商
17	管理能力	团结协作意识	□差□一般 □良□优	□差□一般 □良□优	注重团队合作，在集体活动中的具体表现	
18		与人沟通能力	□差□一般 □良□优	□差□一般 □良□优	正确理解他人传递信息并表达个人思想	
19		语言表达能力	□差□一般 □良□优	□差□一般 □良□优	口头或书面语言组织及表达能力	
20		计划协调能力	□差□一般 □良□优	□差□一般 □良□优	组织实施活动或事务安排中规划流程、办事效率及相应的解决问题能力	
21		执行能力	□差□一般 □良□优	□差□一般 □良□优		
22	身心健康	健康意识	□差□一般 □良□优	□差□一般 □良□优	健康的生活习惯、运动保健知识及健康的兴趣爱好	
23		生活习惯	□差□一般 □良□优	□差□一般 □良□优		
24		情绪控制能力	□差□一般 □良□优	□差□一般 □良□优	控制及理性调整个人情绪能力，面对困难与挫折的抗压与适应能力	
25		环境适应能力	□差□一般 □良□优	□差□一般 □良□优		
26		抗压抗挫能力	□差□一般 □良□优	□差□一般 □良□优		

学年小结：

1. 一学年主要收获：

2. 明显提升的能力素质：

发展期望：

1. 下一阶段目标：

2. 希望提升的能力素质：

3. 其他发展需求：

××同学核心素质报告书
（第一学年）

报告时间：2018 年 7 月 30 日

一、核心素质分类评价

（1）思想政治素质

思想政治素质包括思想、政治和道德素质，是大学生应具备的首要素质，具有方向性和动力性。

素质指标	素质观测点	自评结果	互评结果	会商结果
思政素质	爱国精神与表现	良	良	85
	时政动态关注度	良	良	85
	法纪观念与表现	良	良	85
责任意识	参与集体活动情况	良	良	85
	交办任务完成情况	良	良	85
	在集体中的大局观念	良	良	85
组织纪律	违纪情况	无		100
道德素养	诚信表现情况	良	一般	75
	吃苦精神情况	良	良	85
	校园文明表现	良	一般	75
	友善表现情况	良	良	85

评价说明：

经过一学年的在校教育培养，在新生素质初检的基础上，对各项素质进行第一学年自评、互评及会商评价，综合学生学年内的各方面表现，得出素质评价结果。

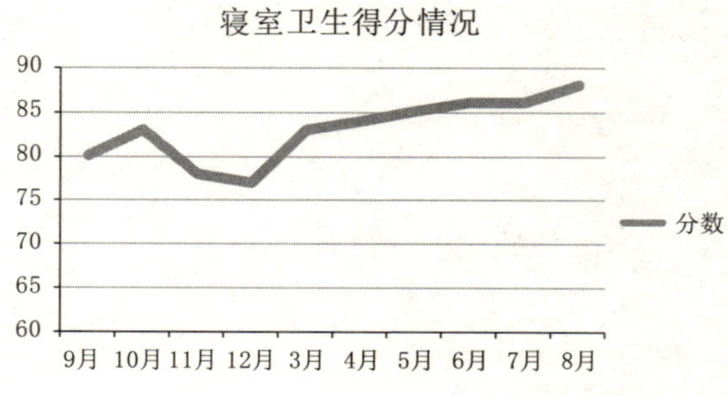

教育指导建议：

（2）专业素质

专业素质包括知识素质和技能素质，是大学生在校期间所具备的知识水平和技能素质的总和。

素质指标	素质观测点	考试学分绩点	考评依据	评价结果
公共必修知识	第一学年课业成绩	2.85（平均学分绩点）	思政理论课、数学、物理、外语等大学生必修通识类课程成绩（一年级增设）	75
专业基础	对应学年课业成绩	2.6	自然科学类、人文社科类、经济管理类和艺术类的基础知识（根据专业选择）	75
专业课	对应学年课业成绩	3.0	学生所在专业领域学习知识（三、四年级增设）	85
专业实践	对应学年课业成绩	2.2	考察学生课程实验、课程设计、认识实习、社会调查、毕业设计等方面能力（三、四年级增设）	65
第二课堂	专业部分加分项	10	第二课堂中与专业素质相挂钩部分加分	65

第一课堂成绩报告单：（系统提供数据采集与调取）

课程名称	成绩	课程名称	成绩
高等数学	75	大学物理 1	75
大学英语 1	80	计算机基础	82
马克思主义原理	70	文献检索与应用	78
……		……	

结合素质报告系统平台的数据采集功能对接教务平台，可逐一反映每一类各门学业成绩及教师课程教学分析情况，增加数据分析选项，可查询该生在某一学期某门课程的排名情况，教育管理部门可查询该门课程的总体教学成效及学院间、专业间、班级间的成绩对比。

评价说明：

发挥任课教师在学生素质评价中的重要作用，建议能结合教师对学生学习课程"平时成绩"部分的考核改革，设计为素质指标评价：如学习态度、学习效率、实践技能、文化素养等都可以评价，从第一学年中融入报告书中。如：

课程名称	平时学习状态评价											
	课堂纪律			课堂参与度			作业完成情况			学习效率		
	9 月	10 月	11 月	9 月	10 月	11 月	9 月	10 月	11 月	9 月	10 月	11 月
英语 1	8	7	7	8	7	6	8	7	7	7	6	6
高数 1	8	7	6	8	7	6	8	7	6	7	6	6
……												

教育指导建议：

（3）科学文化素质

科学文化素质包括科学素质和文化素质，是大学生应当具备的科学文化知识、精神和实践能力的结合。

素质指标	素质观测点	数据采集结果	考评依据	会商结果
知识结构	获奖情况（非体育类）	校主持人大赛优胜奖、征文大赛一等奖	对科学、人文知识的兴趣，视野、知识面广度、人文素质选修课程学习情况、参与文化活动情况	85
	参与文化活动	主持人大赛、征文比赛、文化艺术节表演等	（根据每学年学生参与科技、文化类活动情况，第二课堂成绩单）	80
	人文素质类课程	2.9	学生修习人文素质类课程成绩（一年级及以后考评）	65
科学思维	思维严谨	一般	考虑问题是否客观、严谨、敢于质疑	65
	求真意识	一般	是否具有追求准确、可靠、真实的态度	85
	科研能力	参与本科生创新计划项目	参与科研训练计划情况（二年级开始）	

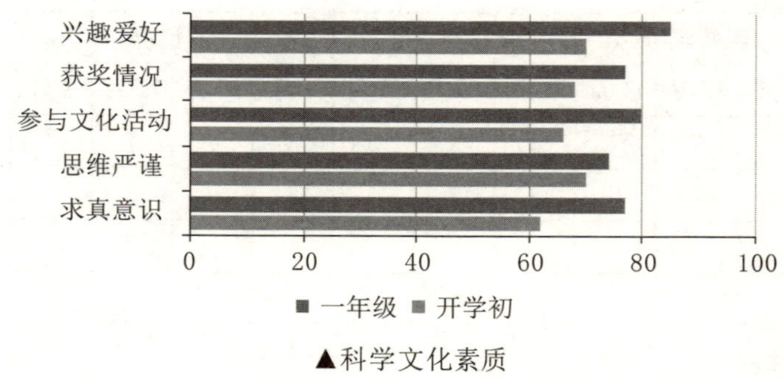

▲科学文化素质

评价说明：以学生对科学、人文知识的兴趣及掌握情况作为主观测点，培养路径考虑人文素质拓展类选修课程以及参与校园文化活动两个方面；科学思维主要考查学生研究考虑问题的思维方式和态度。随着年级的增长，考察载体会有所增加，学院依据学生科研训练计划，以成果及研究过程中导师评价为衡量指标。

附件：（含证书扫描件）

第一学年获奖情况：	参与本创计划项目成果：

教育指导建议：

（4）创新创业素质

创新创业素质包括创新创业意识、品质和能力，是大学生知识、能力和优良品质等素养的总和。

素质指标	素质观测点	评价结果	考评依据	会商结果
创新素质	创新意识	良好	考查学生创新思想、创新意识（一年级考察）	85
	创新能力		学生参与第二课堂科技创新类活动情况（二年级后考察）	
创业素质	创业意愿	一般	学生创业意识及基本意愿（一年级考察）	75
	创业能力		学生参与第二课堂创业类活动情况（二年级后考察）	
	敬业意识	良好	担任社会工作及兼职中的表现	85

评价说明：一年级阶段，观测点选取创新与创业意识，主要考查学生该方面的意愿情况，为后期进一步培养做好理论教学与实践引导的策略准备。素质初检：创新方面，以学生高中阶段参与科技创新类活动获奖情况为依据，如机器人大赛等；创业方面，采取问卷调查方式了解创业意愿及职业规划，结合一年级职业规划课程进行调查了解。

基于系统平台，考评过程评价可以通过点击“考评方式”获取各评价元素得分及相应支撑材料，比如，第一学年科技创新类获奖可有下拉列表产生。

获奖项目	获奖等次
江苏省机器人大赛	三等奖
化学竞赛	二等奖
校科技节发明	校级称号
……	
……	

素质培养建议：

（5）能力素质

能力素质包括学习能力、领导能力和管理能力，是大学生各种能力组合形成的能力系统。开学初仅考查学生知识获取和表达能力。

素质指标	素质观测点	自评结果	互评结果	会商结果
知识获取	学习态度	良	良	85
	自主学习意识	一般	一般	75
	学习效率	良	良	85
管理能力	团结协作意识	一般	一般	75
	与人沟通能力	一般	一般	75
	语言表达能力	一般	一般	75
	计划协调能力	良	良	85
	执行能力	良	良	85

评价说明：根据大学生能力素质三因子——学习能力、领导能力和管理能力为考察主体，结合低年级学生发展需求，在新生素质初检阶段选取“知识获取能力、表达能力和计划能力”作为素质观测点。知识获取为后期知识运用的前提；表达能力是大学生冲破自我、悦纳他人，尽快适应大学生活，展示自我，融入学生团体的必备基础；计划能力是学生执行具体任务与协调事务关系的前提。

二年级后增设：知识运用能力、信息技术能力、人际交往能力、团队合作能力、执行能力、协调能力六项指标。

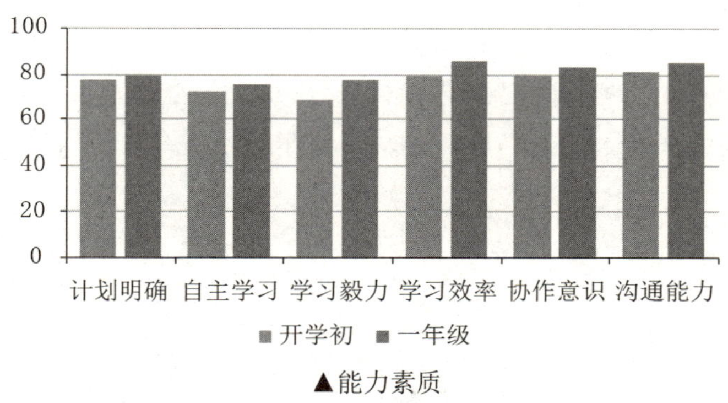

▲能力素质

素质建议：

（6）身心素质

身心素质包括身体素质和心理素质，是大学生身体和心理健康程度的综合表现，是个体本身追求个人发展最为基础的素质。开学初主要考核学生是否具备良好的健康意识及适应能力。

素质指标	素质观测点	自评结果	互评结果	会商结果
身心素质	健康意识	一般	一般	75
	生活习惯	一般	一般	75
	情绪控制能力	一般	一般	75
	环境适应能力	一般	一般	75
	抗压抗挫能力	良	良	85

评价说明：身体素质部分选取健康意识为主观测点，主要考查学生是否具备良好的健康意识，根据现实得分考量学生是否需要加强体育锻炼，增强身体机能；心理素质部分选取自我认知、情绪管理和抗挫抗压力为主观测点，通过心理健康中心进行专项心理测试及心理辅导员日常交流观测进行评价。

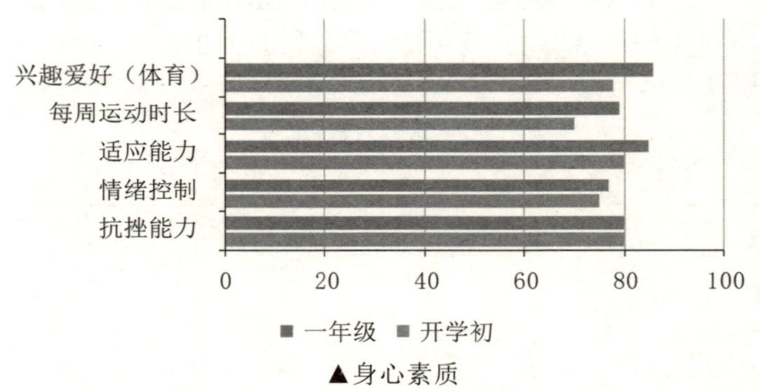

▲身心素质

素质建议：

二、素质动态观测分析

1. 第一学年校内消费情况

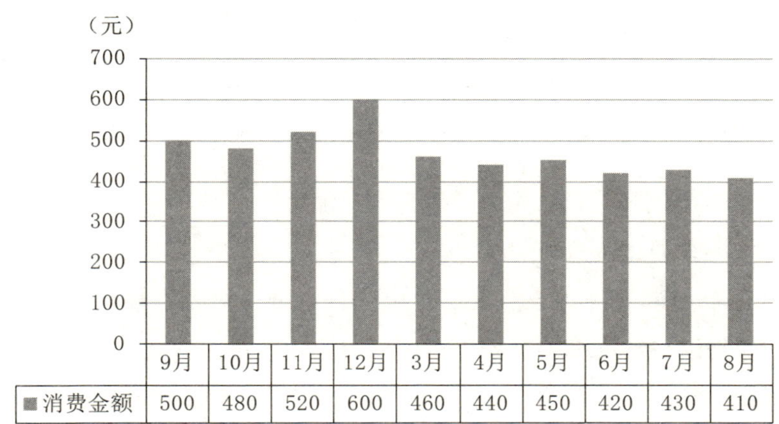

	9月	10月	11月	12月	3月	4月	5月	6月	7月	8月
■消费金额	500	480	520	600	460	440	450	420	430	410

▲校内饮食消费金额

2. 第一学年图书借阅情况

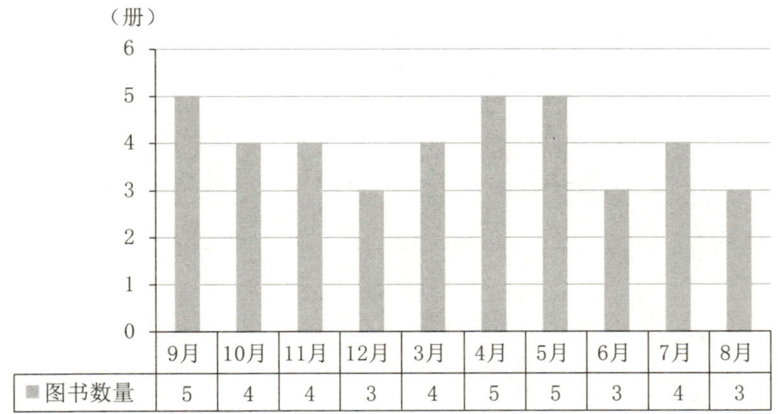

	9月	10月	11月	12月	3月	4月	5月	6月	7月	8月
■图书数量	5	4	4	3	4	5	5	3	4	3

▲借阅图书数量

3. 第二课堂参与情况

参加社团：冲浪社。

听讲座次数：5 次。

志愿者服务次数：8 次。

参与校园文化活动：微电影大赛、运动会。

4. 素质优弱项列表

序号	素质弱项	素质强项
1	语言表达能力	计划协调能力
2	创业意识与能力	执行能力
3	……	……

该生最希望提升的素质能力：语言表达能力。

三、核心素质维度分析

除对某单一素质进行分值表征及维度分析外，对六大核心素质一级指标在每一学年均进行维度综合，找出相应短板，为针对性地制定人才培养指导策略提供依据。

××同学核心素质一级指标综合评分情况

序号	核心素质指标	素质评分	评定等次	偏弱项
1	思想政治素质	85	良好	
2	专业素质	75	一般	专业认知
3	科学文化素质	75	一般	人文知识
4	创新创业素质	85	良好	
5	能力素质	75	一般	表达能力
6	身心素质	88	良好	

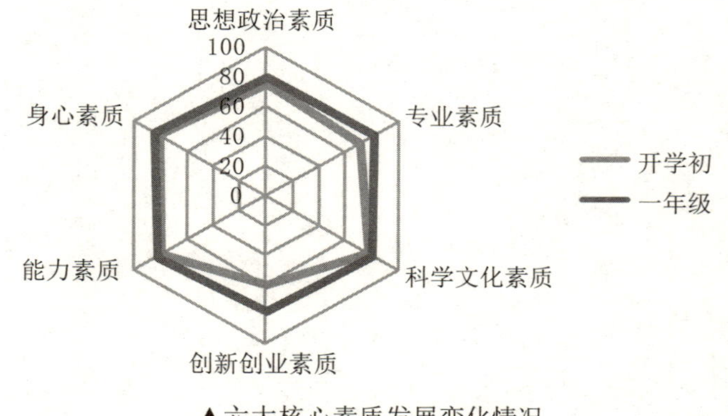

▲六大核心素质发展变化情况

按上图分析，该生专业素质、科学文化素质、能力素质中均存在偏弱项，可根据相应观测点进行针对性的教育引导。

素质培养建议：

四、意见反馈栏

阅读者反馈，包括学生本人、辅导员、学业导师、有关部门负责人、家长等。

素质报告反馈： 签字： 年　　月　　日

3. 致远版（摘录）

大学生基本素质测评表（主观评价）（四年级）

序号	素质指标	素质观测点	自我评价	学生互评	评测依据	团体会商
1	思政素质	爱国精神与表现	□差 □一般 □良 □优	□差 □一般 □良 □优	是否有正确坚定的政治立场与国家自豪感	
2		时政动态关注度	□差 □一般 □良 □优	□差 □一般 □良 □优	对国内外时政的关注程度	
3		法纪观念与表现	□差 □一般 □良 □优	□差 □一般 □良 □优	在日常生活中遵纪守法表现	
4	责任意识	参与集体活动情况	□差 □一般 □良 □优	□差 □一般 □良 □优	是否主动参与集体活动与班级事务管理	
5		交办任务完成情况	□差 □一般 □良 □优	□差 □一般 □良 □优	交办工作是否推诿、拖拉，主动担当，责任心强	
6		集体当中大局观念	□差 □一般 □良 □优	□差 □一般 □良 □优	能否正确处理集体与个人的利益关系	
7	道德素养	诚信表现情况	□差 □一般 □良 □优	□差 □一般 □良 □优	考试诚信、经济诚信、生活诚信、职业诚信	
8		吃苦精神情况	□差 □一般 □良 □优	□差 □一般 □良 □优	参与公益劳动与义工表现及勤俭情况	
9		校园文明表现	□差 □一般 □良 □优	□差 □一般 □良 □优	是否具有良好的社会公德及文明行为习惯	
10		友善表现情况	□差 □一般 □良 □优	□差 □一般 □良 □优	待人接物有礼有节、乐于帮助他人	
11	知识获取	学习态度	□差 □一般 □良 □优	□差 □一般 □良 □优	学习兴趣度、积极性、参与课堂程度	
12		自主学习意识	□差 □一般 □良 □优	□差 □一般 □良 □优	是否养成良好的自主学习习惯	
13		学习效率	□差 □一般 □良 □优	□差 □一般 □良 □优	学习方法是否得当，学习效果情况	

续表

序号	素质指标	素质观测点	自我评价	学生互评	评测依据	团体会商
14	创新创业	创新意识	□差 □一般 □良 □优	□差 □一般 □良 □优	在学习或实践中有创新意识，参与积极性高	
15		创业意识	□差 □一般 □良 □优	□差 □一般 □良 □优	具有创业意愿，有较为清晰的创业目标	
16		敬业意识	□差 □一般 □良 □优	□差 □一般 □良 □优	具有对职业的专注感、认同感和责任意识	
17	管理能力	团结协作意识	□差 □一般 □良 □优	□差 □一般 □良 □优	注重团队合作，在集体活动中的具体表现	
18		与人沟通能力	□差 □一般 □良 □优	□差 □一般 □良 □优	正确理解他人传递信息并表达个人思想	
19		语言表达能力	□差 □一般 □良 □优	□差 □一般 □良 □优	口头或书面语言组织及表达能力	
20		计划协调能力	□差 □一般 □良 □优	□差 □一般 □良 □优	组织实施活动或事务安排中规划流程、办事效率及相应的解决问题能力	
21		执行能力	□差 □一般 □良 □优	□差 □一般 □良 □优		
22	身心健康	健康意识	□差 □一般 □良 □优	□差 □一般 □良 □优	健康的生活习惯、运动保健知识及健康的兴趣爱好	
23		生活习惯	□差 □一般 □良 □优	□差 □一般 □良 □优		
24		情绪控制能力	□差 □一般 □良 □优	□差 □一般 □良 □优	控制及理性调整个人情绪能力，面对困难与挫折的抗压与适应能力	
25		环境适应能力	□差 □一般 □良 □优	□差 □一般 □良 □优		
26		抗压抗挫能力	□差 □一般 □良 □优	□差 □一般 □良 □优		

××大学毕业生核心素质综合测评表

序号	素质类别	二级指标	素质观测点	自我评价	学生互评	教师评价	团体会商
1	思想政治素质	思想素质	世界观	□差□一般 □良□优	□差□一般 □良□优	□差□一般 □良□优	
2			人生观	□差□一般 □良□优	□差□一般 □良□优	□差□一般 □良□优	
3			价值观	□差□一般 □良□优	□差□一般 □良□优	□差□一般 □良□优	
4		政治素质	政治意识	□差□一般 □良□优	□差□一般 □良□优	□差□一般 □良□优	
5			政治观点	□差□一般 □良□优	□差□一般 □良□优	□差□一般 □良□优	
6			政治立场	□差□一般 □良□优	□差□一般 □良□优	□差□一般 □良□优	
7		道德素质	社会公德	□差□一般 □良□优	□差□一般 □良□优	□差□一般 □良□优	
8			职业道德	□差□一般 □良□优	□差□一般 □良□优	□差□一般 □良□优	
9			家庭美德	□差□一般 □良□优	□差□一般 □良□优	□差□一般 □良□优	
10			法纪观念	□差□一般 □良□优	□差□一般 □良□优	□差□一般 □良□优	
11	专业素质	知识水平	基础知识	□差□一般 □良□优	□差□一般 □良□优	□差□一般 □良□优	
12			专业知识	□差□一般 □良□优	□差□一般 □良□优	□差□一般 □良□优	
13		技能素质	实践技能	□差□一般 □良□优	□差□一般 □良□优	□差□一般 □良□优	
14			拓展技能	□差□一般 □良□优	□差□一般 □良□优	□差□一般 □良□优	

续表

序号	素质类别	二级指标	素质观测点	自我评价	学生互评	教师评价	团体会商
15	科学文化素质	科学素质	科学精神	□差□一般 □良□优	□差□一般 □良□优	□差□一般 □良□优	
16			科学思维	□差□一般 □良□优	□差□一般 □良□优	□差□一般 □良□优	
17			科学知识	□差□一般 □良□优	□差□一般 □良□优	□差□一般 □良□优	
18		文化素质	人文精神	□差□一般 □良□优	□差□一般 □良□优	□差□一般 □良□优	
19			人文知识	□差□一般 □良□优	□差□一般 □良□优	□差□一般 □良□优	
20	能力素质	学习能力	知识获取	□差□一般 □良□优	□差□一般 □良□优	□差□一般 □良□优	
21			知识运用	□差□一般 □良□优	□差□一般 □良□优	□差□一般 □良□优	
22			信息技术	□差□一般 □良□优	□差□一般 □良□优	□差□一般 □良□优	
23		领导能力	团队合作	□差□一般 □良□优	□差□一般 □良□优	□差□一般 □良□优	
24			人际交往	□差□一般 □良□优	□差□一般 □良□优	□差□一般 □良□优	
25			表达能力	□差□一般 □良□优	□差□一般 □良□优	□差□一般 □良□优	
26		管理能力	计划能力	□差□一般 □良□优	□差□一般 □良□优	□差□一般 □良□优	
27			协调能力	□差□一般 □良□优	□差□一般 □良□优	□差□一般 □良□优	
28			执行能力	□差□一般 □良□优	□差□一般 □良□优	□差□一般 □良□优	

续表

序号	素质类别	二级指标	素质观测点	自我评价	学生互评	教师评价	团体会商
29	创新创业素质	创新素质	创新精神	□差□一般□良□优	□差□一般□良□优	□差□一般□良□优	
30			创新能力	□差□一般□良□优	□差□一般□良□优	□差□一般□良□优	
31		创业素质	创业意识	□差□一般□良□优	□差□一般□良□优	□差□一般□良□优	
32			创业能力	□差□一般□良□优	□差□一般□良□优	□差□一般□良□优	
33	身心素质	心理素质	认知素质	□差□一般□良□优	□差□一般□良□优	□差□一般□良□优	
34			个性素质	□差□一般□良□优	□差□一般□良□优	□差□一般□良□优	
35			社会心理	□差□一般□良□优	□差□一般□良□优	□差□一般□良□优	
36		身体素质	身体形态	□差□一般□良□优	□差□一般□良□优	□差□一般□良□优	
37			机体能力	□差□一般□良□优	□差□一般□良□优	□差□一般□良□优	
38			健康意识	□差□一般□良□优	□差□一般□良□优	□差□一般□良□优	

大学生活总结：

1. 四年主要收获：

2. 个人素质强项：

3. 个人素质弱项：

××同学核心素质报告书
（第四学年）

报告时间：2020年7月30日

一、核心素质分类评价

（1）思想政治素质

思想政治素质包括思想素质、政治素质和道德素质，是大学生应具备的首要素质，具有方向性和动力性。

素质指标	素质观测点	自评结果	互评结果	会商结果
思政素质	爱国精神与表现	良	良	85
	时政动态关注度	良	良	85
	法纪观念与表现	良	良	85
责任意识	参与集体活动情况	良	良	85
	交办任务完成情况	良	良	85
	集体中大局观念	良	良	85
组织纪律	违纪情况	无		100
道德素养	诚信表现情况	良	一般	75
	吃苦精神情况	良	良	85
	校园文明表现	良	一般	75

评价说明：

在校教育培养过程中，保持各学年素质检测指标基本不变，对各项素质进行学年自评、互评及会商评价，综合学生学年内的各方面表现得出素质评价结果。

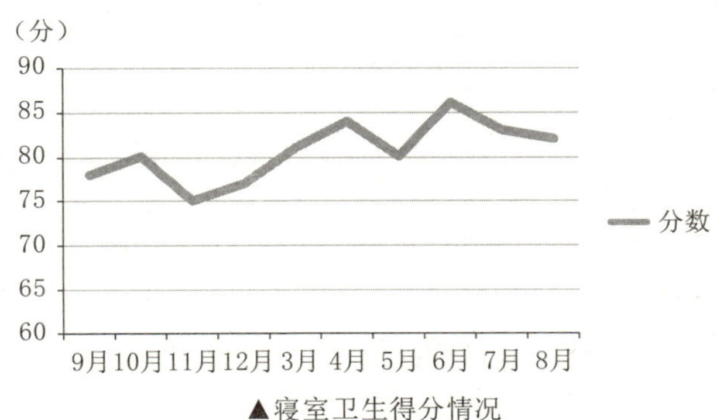

▲寝室卫生得分情况

教育指导建议：

（2）专业素质

专业素质包括知识素质和技能素质，是大学生在校期间所具备的知识水平和技能素质的总和。

素质指标	素质观测点	考试学分绩点	考评依据	评价结果
专业课	对应学年课业成绩	3.0	学生所在专业领域学习知识	85
专业实践	对应学年课业成绩	2.2	考查学生课程实验、课程设计、认识实习、社会调查、毕业设计等方面能力	65
第二课堂	专业部分加分项	10	第二课堂中与专业素质相挂钩部分加分	65

第一课堂成绩报告单：（系统提供数据采集与调取）

课程名称	成绩	课程名称	成绩
毕业设计	75	企业实习	75
课程实践	80		82
……		……	

结合素质报告系统平台的数据采集功能，对接教务平台，可逐一反映每一类各门学业成绩及教师课程教学分析情况，增加数据分析选项，可查询该生在某一学期某门课程的排名情况，教育管理部门可查询该门课程的总体教学成效及学院间、专业间、班级间的成绩对比。

评价说明：

发挥任课教师在学生素质评价中的重要作用，建议能结合教师对学生学习课程“平时成绩”部分的考核改革，设计为素质指标评价：如学习态度、学习效率、实践技能、文化素养等都可以评价，从第一学年中融入报告书中。例如：

课程名称	技能实践类状态评价											
	课程纪律			实践技能			求是精神			科研能力		
	9月	10月	11月	9月	10月	11月	9月	10月	11月	9月	10月	11月
课程实践	8	7	7	8	7	6	8	7	7	7	6	6
毕业设计	8	7	6	8	7	6	8	7	6	7	6	6
……												

教育指导建议：

（3）科学文化素质

科学文化素质包括科学素质和文化素质，是大学生应当具备的科学文化知识、精神和实践能力的结合。

素质指标	素质观测点	数据采集结果	考评依据	会商结果
知识结构	获奖情况（非体育类）	校主持人大赛优胜奖、征文大赛一等奖	对科学、人文知识的兴趣，视野、知识面广度、人文素质选修课程学习情况、参与文化活动情况	85
	参与文化活动	主持人大赛、征文比赛、文化艺术节表演等（列表）	（根据每学年学生参与科技、文化类活动情况，第二课堂成绩单）	80
	人文素质类课程	2.9	学生修习人文素质类课程成绩	65
科学思维	思维严谨	一般	考虑问题是否客观、严谨、敢于质疑	65
	求真意识	一般	是否具有追求准确、可靠、真实的态度	85
	科研能力	参与本科生创新计划项目	参与科研训练计划情况（二年级开始）	80

评价说明：

以学生对科学、人文知识的兴趣及掌握情况作为主观测点，培养路径考虑人文素质拓展类选修课程以及参与校园文化活动两个方面；科学思维主要考查学生研究考虑问题的思维方式和态度。随着年级的增长，考察载体会有所增加，学院依据学生科研训练计划，以成果及研究过程中导师评价为衡量指标。

附件：（含证书扫描件）

第四学年获奖情况：	参与本创计划项目成果：

教育指导建议：

（4）创新创业素质

创新创业素质包括创新创业意识、品质和能力，是大学生知识、能力和优良品质等素养的总和。

素质指标	素质观测点	评价结果	考评依据	会商结果
创新素质	创新意识	良好	考查学生创新思想、创新意识（一年级考查）	85
	创新能力	良好	学生参与第二课堂科技创新类活动情况（二年级后考查）	85
创业素质	创业意愿	一般	学生创业意识及基本意愿（一年级考查）	75
	创业能力	良好	学生参与第二课堂创业类活动情况（二年级后考查）	85
	敬业精神	良好	担任社会工作及兼职中的具体表现	85

评价说明：

毕业阶段，观测点考察创新与创业能力成效，主要考查学生大学阶段参与创新创业类活动、获奖情况，其过程参与情况以指导教师评价为主。

基于系统平台，考评过程评价可以通过点击“考评方式”获取各评价元素得分及相应支撑材料，比如，学年内科技创新类获奖，可有下拉列表产生。

参与创业类活动及获奖情况：

获奖项目	获奖等次
江苏省机器人大赛	三等奖
化学竞赛	二等奖
校科技节发明	校级称号
……	
……	

素质培养建议：

（5）能力素质

能力素质包括学习能力、领导能力和管理能力，是大学生各种能力组合形成的能力系统。开学初仅考查学生知识获取和表达能力。

素质指标	素质观测点	自评结果	互评结果	会商结果
知识获取	学习态度	良	良	85
	自主学习意识	一般	一般	75
	学习效率	良	良	85
管理能力	团结协作意识	一般	一般	75
	与人沟通能力	一般	一般	75
	语言表达能力	一般	一般	75
	计划协调能力	良	良	85
	执行能力	良	良	85

评价说明：

根据大学生能力素质三因子——学习能力、领导能力和管理能力为考察主体，结合低年级学生发展需求，在新生素质初检阶段选取“知识获取能力、表达能力和计划能力”作为素质观测点。知识获取为后期知识运用的前提；表达能力是大学生冲破自我、悦纳他人，尽快适应大学生活，展示自我，融入学生团体的必备基础；计划能力是学生执行具体任务与协调事务关系的前提。

二年级后增设：知识运用能力、信息技术能力、人际交往能力、团队合作能力、执行能力、协调能力六项指标。

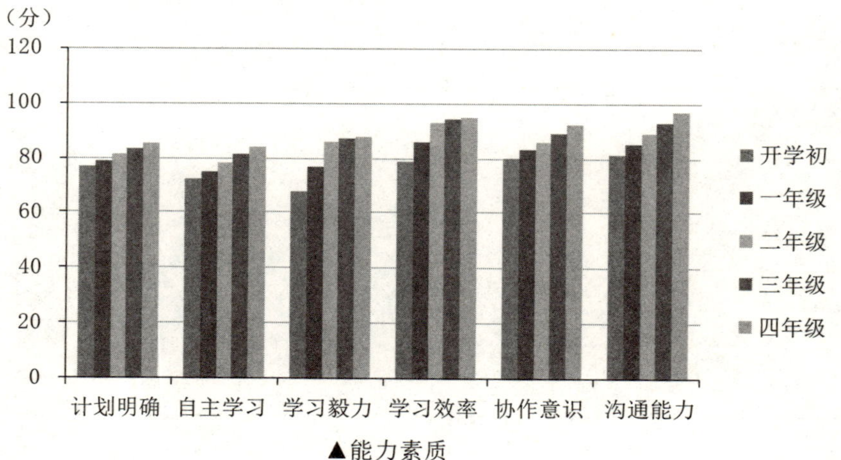

▲能力素质

素质培养建议：

（6）身心素质

身心素质包括身体素质和心理素质，是大学生身体和心理健康程度的综合表现，是个体本身追求个人发展最为基础的素质。

素质指标	素质观测点	自评结果	考评依据	会商结果
身心健康	健康意识	良	良	85
	生活习惯	良	良	85
	情绪控制能力	良	良	85
	环境适应能力	良	良	85
	抗压抗挫能力	良	良	85

评价说明：

身体素质部分选取：健康意识为主观测点，主要考查学生是否具备良好的健康意识，根据现实得分考量学生是否需要加强体育锻炼，增强身体机能；心理素质部分选取：自我认知、情绪管理和抗挫抗压力为主观测点，通过心理健康中心进行专项心理测试及心理辅导员日常交流观测进行评价。

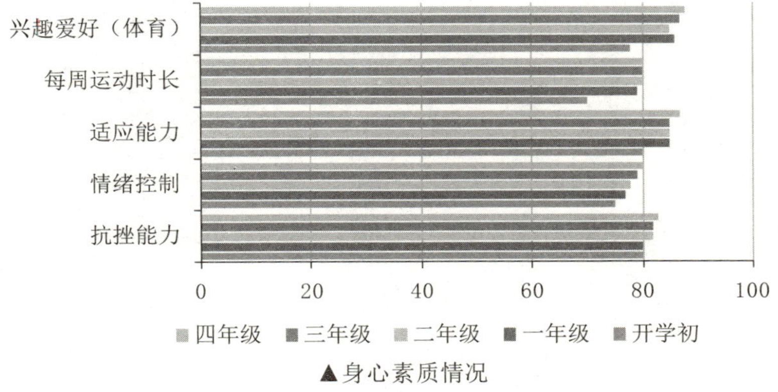

▲身心素质情况

素质培养建议：

二、素质动态观测分析

1. 学年校内消费情况

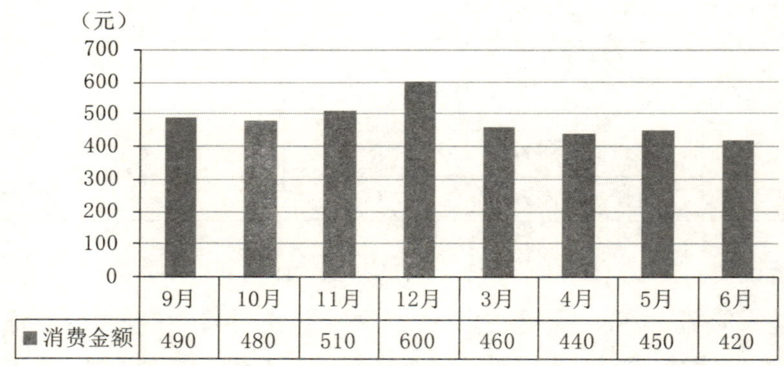

	9月	10月	11月	12月	3月	4月	5月	6月
■消费金额	490	480	510	600	460	440	450	420

▲校内饮食消费金额

2. 学年图书借阅情况

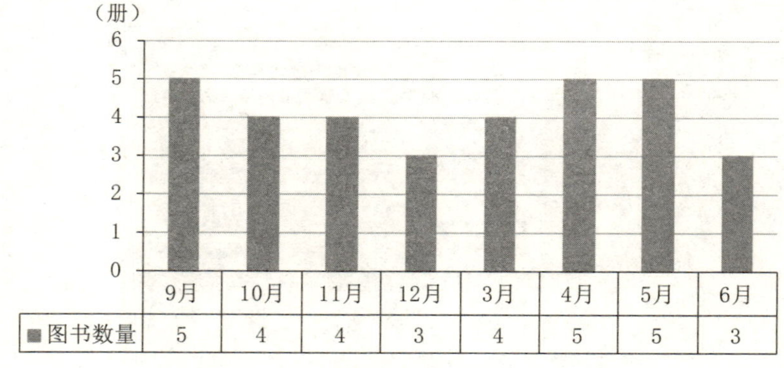

	9月	10月	11月	12月	3月	4月	5月	6月
■图书数量	5	4	4	3	4	5	5	3

▲借阅图书数量

3. 第二课堂参与情况

参加社团：冲浪社、轮滑协会、羽毛球协会。

听讲座次数：11 次。

志愿者服务次数：9 次。

参与校园文化活动：中国传统文化知识竞赛、柴油机拆装大赛。

4. 素质优弱项列表

序号	素质弱项	素质强项
1	/	计划协调能力
2	/	执行能力
3	/	语言表达能力

三、素质维度分析

除对某单一素质进行分值表征及维度分析外，对六大核心素质一级指标在每一学年均进行维度综合，找出相应短板，为有针对性地制定人才培养指导策略提供依据。

XX 同学核心素质一级指标综合评分情况

序号	核心素质指标	素质评分	评定等次	偏弱项
1	思想政治素质	85	良好	
2	专业素质	90	优秀	
3	科学文化素质	80	良好	
4	创新创业素质	85	良好	
5	能力素质	85	良好	
6	身心素质	85	良好	

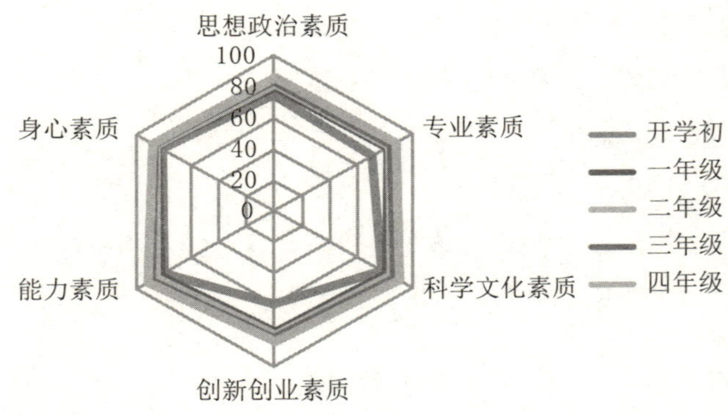

▲综合评分图

按上图分析，该生在科学文化素质中存在偏弱项，专业素质和能力素质提升明显。可根据相应观测点进行针对性的教育引导。

职业发展建议：

四、大学核心素质成长情况

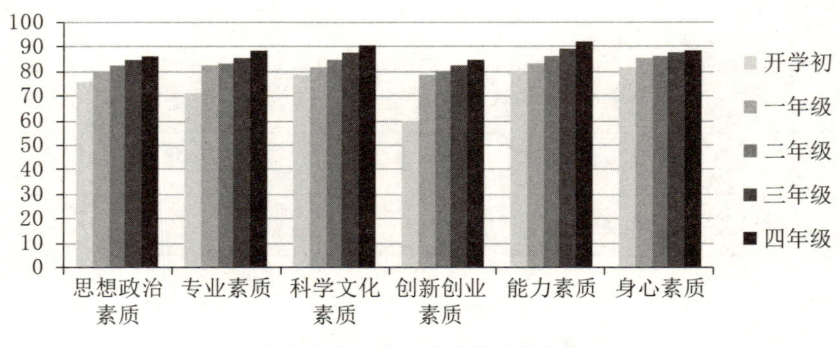

▲学生素质核心素质发展变化图

五、意见反馈栏

阅读者反馈，包括学生本人、辅导员、学业导师、有关部门负责人、家长等。

素质报告反馈：   签字： 年　　月　　日

后 记

“我们深信教育是国家万年根本大计。”在新时代中国特色社会主义条件下，重提这一论断，对于教育工作者既是一种鞭策，也是时代所赋予的使命与任务。这就要求教育工作者不忘初心，追寻教书育人的本质规律，要求我们在人才培养过程中要注意避免出现重规模轻内涵、重数量轻质量、重智育轻德育等现象，不断探索培养“完整的人”的基本制度及现实路径，以推动教育事业繁荣发展。

本书由江苏科技大学王济干、汤建、周春燕等著。其中，王济干、汤建负责总体设计，对全书的提纲、体例结构、章节内容进行了总体指导；周春燕负责全书统稿；江苏科技大学教育管理人员和部分教师参与编写。各章编写情况如下：导论由郭昭昭、王蓓、钱伟撰写，第一章由程荣晖、魏晓卓撰写，第二章由程荣晖、魏晓卓撰写，第三章由刘占超、张海洋、唐亮撰写，第四章由崔祥民、张玲玲撰写，第五章由张代华、茆辰撰写，第六章由薛泉祥、张霞、毛晖、徐代勋撰写，第七章由汤建、周春燕撰写。

王济干教授及其团队所在的江苏科技大学，多年来以“船魂”精神为引领，致力于将素质教育融入人才培养的全过程中，提出了大学生六大核心素质；构建了大学生核心素质全人模型；提出了以大学文化为引领、以核心素质教育为主要内容、以培养有特质的高层次人才为目标的教育模式；构建了提升六大核心素质的主要内容，建立了教育教学过程与六大核心素质主要内容的对应关系，明确了 38 个教育重点和 33 个养成要点，描绘了以学生素质提升案例库、典型事例参照库为主要内容的教育教学地图；构建了大学生核心素质报告书制度；建立了以成立六个核心素质教育工作组、学校人才培养办公室、聚合行动的大学生核心素质教育组织与管理体系；将进一步探究对大学生核心素质教育的评价审视机制。本书正是江苏科技大学育人实践和王济干教授研究团队阶段性成果的总结。

本书在撰写过程中，我们参阅了国内外有关素质教育的大量文献资料，同时，依据江苏科技大学全面实施大学生核心素质报告书制度的实践，我们参考了一些教育管理人员总结出的实践研究成果。对此，我们深表谢意。

培养大学生的核心素质关系到“高校为谁培养人、如何培养人、怎样培养人”，本书就探索教育教学工作方法与路径方面开展了一些研究。由于时间问题，本书的很多内容未能深入加以研究，存在着一些不足与纰漏，希望本书成为一块引玉之砖，恳请广大专家、教育工作者批评、指正。

作 者

2017 年 12 月

策划编辑：刘智宏
责任编辑：岳改苓
装帧设计：九　五

图书在版编目（CIP）数据

大学生核心素质报告书制度研究 / 王济干　等 著．—北京：人民出版社，2017.12（2018.5 重印）

ISBN 978－7－01－018763－1

Ⅰ.①大…　Ⅱ.①王…　Ⅲ.①大学生—素质教育—研究—中国　Ⅳ.① G640

中国版本图书馆 CIP 数据核字（2017）第 326595 号

大学生核心素质报告书制度研究

DAXUESHENG HEXIN SUZHI BAOGAOSHU ZHIDU YANJIU

王济干　汤　建　周春燕　等 著

人民出版社 出版发行

（100706　北京市东城区隆福寺街 99 号）

环球东方（北京）印务有限公司印刷　新华书店经销

2017 年 12 月第 1 版　2018 年 5 月北京第 2 次印刷
开本：710 毫米 ×1000 毫米　1/16　印张：14.25
字数：230 千字

ISBN 978－7－01－018763－1　定价：45.00 元

邮购地址 100706　北京市东城区隆福寺街 99 号
人民东方图书销售中心　电话（010）65250042　65289539